hausgemacht:
HEFETEIG
GERMTEIG

BILDNACHWEIS

Bildquelle Umschlag: Liesl Biber, Setzgasse 28a, A-2102 Bisamberg
Bildquellen Inhalt: Fotos: Art Fotos Karl Schrotter, Weizerstraße 9, A-8200 Gleisdorf
Zeichnungen: Autorinnen

IMPRESSUM

© 2002 Österreichischer Agrarverlag Druck- und Verlagsges.m.b.H. Nfg.KG,
Achauerstraße 49A, A-2335 Leopoldsdorf
E-Mail: office@agrarverlag.at, Internet: www.agrarverlag.at
© 2002 Landwirtschaftsverlag GmbH,
Hülsebrockstraße 2, D-48165 Münster
E-Mail: service@landwirtschaftsverlag.com, Internet: www.lv-h.de

1. Auflage

Die Deutsche Bibliothek – CIP-Einheitsaufnahme.
Ein Titelsatz für diese Publikation ist bei Der Deutschen Bibliothek erhältlich.

Das Werk ist einschließlich aller seiner Teile urheberrechtlich geschützt. Jede Verwertung außerhalb der engen Grenzen des Urheberrechtsgesetzes ist ohne Zustimmung der Verlage unzulässig und strafbar. Das gilt insbesondere für Vervielfältigungen, Übersetzungen, Mikroverfilmungen und die Einspeicherung und Verarbeitung in elektronischen Systemen.

Projektleitung: Katharina Schober, Österreichischer Agrarverlag
Lektorat: Anja Lungstraß, Wien
Grafische Gestaltung und Satz: armanda,geisler Wien
Druck: AV-Druck plus GmbH, Wien

Printed in Austria

ISBN (Österreich):   3-7040-1922-4
ISBN (Deutschland): 3-7843-3192-0

hausgemacht:

Maria Zechner • Andrea Prommer

HEFETEIG
GERMTEIG

Österreichischer Agrarverlag
Landwirtschaftsverlag

Inhalt

1. Geschichtliches über den Germteig 6
2. Allgemeines zum Germteig 7
3. Die Zutaten 8
   - Die Germ (Hefe) 8
   - Das Mehl 10
   - Das Ei 11
   - Der Zucker 12
   - Die Flüssigkeit 12
   - Der Fettstoff 13
   - Die Geschmackszutaten 13
4. Schnell und leicht zum Germteig 14
5. Varianten der Gebäcksformen 18
   - Der Striezel 18
   - Der Einstrangzopf 23
   - Der Knopf 23
   - Die Brezel 24
   - Verschiedene Kleingebäckformen
   - Tiermotive
   - Das Schweinchen 24
   - Die Katze 25
   - Der Elefant 25
   - Das Kücken 26
   - Der Hase 26
   - Rollen geformt zu Kleingebäck . . 27
   - Der Krampus 28
   - Kipferl, Tascherl und Kronen . . . 29
6. Tipps und Tricks bei der Germteigbereitung 32

Rezepte 37

7. Rezepte für im Backrohr gebackenen Germteig 38
   - Baba 38
   - Savarin 39
   - Böhmischer Zopf 40
   - Topfenzopf 41
   - Apfelkranz 42
   - Nuss-Schneckenkuchen 43
   - Buchteln (Wuchteln) . . . 45
   - Spezialbuchteln 46
   - Gugelhupf 47
   - Patzerlgugelhupf 48
   - Früchtegugelhupf 49
   - Butterkuchen 50
   - Süßes Brot 51
   - Tag-Nachttaler 53
   - Pinzen 54
   - Topfentascherl 55
   - Wespennest 57
   - Schwarzbeer-Topfenstrudel 58
   - Kürbiskernstrudel 60

hausgemacht:

Kürbiskernstriezerl 61	**Gebäck aus**	Topfengermteig 73
Bienenstich 63	**Vollkornmehl 67**	Zwetschkenkuchen 74
Erdbeer-Rhabarber-Kuchen 64	Joghurtkipferl 68	Sonnenblumen-weckerl 75
Apfel-Streuselkuchen 65	Nusszopf 69	Burgenländischer Gugelhupf 77
	Rahmbuchteln 70	Birnenkuchen 78
Mohn-Streuselkuchen 66	Rohrnudeln 71	Diät-Topfenschnitten .. 79
	Blechkuchen mit frischem Obstbelag 72	

8. Rezepte für im Fett herausgebackenen Germteig 80

Krapfen 80	Gebackene Mäuse 84	Dalken-Liwanzen 87
Bauernkrapfen 81	Zottelkrapfen 85	Germ-Omelettes 88
Strauben 83	Vanillekrapferl 86	Trichterstrauben 89

9. Rezepte für im Wasser bzw. Dampf gegarten Germteig 90

Dampfnudeln 90	Germknödel 91

10. Brauchtumsgebäck 92

Rein(d)ling 93	Osterbrot 101	Allerheiligenstriezel ... 106
Brezeln 96	Osterpinzen 102	Potizze 108
Faschingskrapfen 99	Gerührter Gugelhupf .. 105	Christstollen 111

11. Germteigvariationen (= Abwandlungen) 112

Mürber oder kalter Germteig 112	Kapuzinerstrudel 120	Nusskipferl 128
	Kartoffelbrot 121	Croissants 129
Grundrezept 113		Nussschleifen 130
Brioche 114	**Plunderteig – Germbutterteig 122**	Marzipan-Mandelkranz 131
Nussbeugel 115		
Topfentascherl 117	Grundrezept – zwei Methoden 123	Kranzkuchen 132
Mürbe Walnusstascherl 118	Bärentatzen 125	Marillenstrudel 133
Nuss-, Mohn- und Marmeladekipferl 119	Plunderteig-schnecken 127	

Abkürzungen/Maßeinheiten 134	Begriffe Österreichisch/Deutsch 136
Begriffserklärungen 135	Nachwort 136

1: Geschichtliches über den Germteig

Die erste Form der Teiglockerung durch den Sauerteig dürfte den Ägyptern vor etwa 2000 Jahren gelungen sein. Sie gaben Weinmost in das Mehl und kneteten diesen „saueren Teig" in den Brotteig ein. Erstaunt stellten sie fest, dass das Brot einen neuen, interessanten Eigengeschmack entwickelt hatte. Durch die Gärung hatte es außerdem eine viel lockerere Struktur erhalten.

Die Gallier entdeckten schließlich die Bedeutung der Bierhefe.

Im 4. Jhdt. nach Chr. verbreitete sich diese Methode der Teiglockerung wie ein Lauffeuer.

Der Germteig spielte in der Mehlspeisküche schon immer eine große Rolle, vor allem in der böhmisch beeinflussten „Altwiener Küche".

2: Allgemeines zum Germteig

Germ ist der österreichische Ausdruck für Hefe. Germ – das sind kleinste Spaltpilze, die sich unter günstigen Bedingungen mit ungeheurer Geschwindigkeit vermehren. Sie dient als biologisches Teiglockerungsmittel.

Die Hefe- bzw. Spaltpilze bewirken das Aufgehen des Teiges. Als Folge ihrer Lebenstätigkeit spalten sie den vorhandenen Zucker (der auch im Mehl in Form von Stärke enthalten ist) in Alkohol und Kohlendioxyd. Die dabei entstehenden kleinen Gasbläschen bewirken, dass der Teig „aufgeht", die Alkoholspuren verfeinern den Geschmack des Teiges. Durch die Hitze des Backens wird dieser gelockerte Teig fest, und die Hefepilze sterben ab. Bei der Zubereitung eines Germteiges sollten alle Zutaten „handwarm" verarbeitet werden, da die Hefepilze ihre Arbeit einstellen, wenn es ihnen „zu kalt" wird – andererseits sterben sie ab, wenn die Temperatur zu hoch ist oder Fette sowie kühle Luft die Treibkraft der Germ mindern. Die ideale Temperatur für die Vermehrung der Hefepilze liegt zwischen 25 und 27° C. Zum Entwickeln der Treibkraft, d. h. zum „Aufgehen" des Teiges, liegt die Idealtemperatur zwischen 35 und 40° C.

Aus Germteig hergestellte Gebäcke sind wohl die im Konditoreigewerbe mengenmäßig meist angefertigten Produkte, welche durch ihre verhältnismäßig kostengünstige Herstellung einen großen Absatz finden.

Aber auch im Haushalt wird Gebäck aus Germteig gerne hergestellt. Einerseits weil er so vielfältig zubereitet werden kann, andererseits ist dieser Teig auch zum Einfrieren bestens geeignet und kann so jederzeit auf Vorrat hergestellt werden. Kein Teig ist so einfach in der Herstellung, so verwandlungsfähig durch seine Zutaten und so robust wie der Germteig. Man kann ihn weich bis fest, mit viel Butter oder ohne Fett, ohne oder reich an Eiern, pikant, salzig oder süß zubereiten.

3: Die Zutaten

Grundzutaten

Der Germteig besteht in der Hauptsache aus **Germ, Mehl, Eiern, Zucker, Flüssigkeit, Fett und Geschmackszutaten**.

Die Germ (Hefe)

Sie zählt zu den organischen Teiglockerungsmitteln und wird für diesen Zweck in speziellen Kulturen (aus Getreidebranntwein) gezüchtet.

Arten: • Presshefe oder Frischgerm • gärfähige Trockengerm

Presshefe sollte stets frisch gekauft werden! Für einen kürzeren Zeitraum kann sie kühl und dunkel gelagert werden. Sie ist auch zum Tiefkühlen geeignet.

Frische Germ sollte von heller, gelb-brauner Farbe sein, leicht zerbröckeln, einen muschelartigen Bruch zeigen und fein säuerlich schmecken.

Die Verarbeitung der **Trockengerm** ist sehr einfach, da sie nur ins Mehl gestreut oder in lauwarmer Milch oder Wasser aufgelöst wird. Die Haltbarkeit beträgt ca. 1 Jahr.

Die in den Rezepten angegebene Germmenge bezieht sich fast immer auf die Frischgerm.

 7 g Trockengerm entsprechen 25 g Frischgerm, d.h. 1 Würfel Frischgerm (im Handel ca. 42 g) entspricht 2 Beutel (7 g Füllmenge) Trockengerm.

Die Germ verträgt sich mit jedem Fett, ob mit Butter, Butterschmalz, Margarine, Öl, Schweineschmalz oder anderen Fettstoffen, jedoch sollte direkter Kontakt vermieden werden.

Germ wird je nach Schwere des Teiges, das heißt je nach der Menge des beigefügten Fettes und der Eier, in unterschiedlicher Menge beigegeben. Zum Beispiel genügen für einen leichten Germteig (mit wenig Fett) 45 g Germ auf 1 kg Mehl. Für einen schweren Germteig, wie z.B. beim Weihnachtsstollen mit hoher Zugabe von Fett, Mandeln, Rosinen usw., benötigt man auf 1 kg Mehl 100 g Germ.

GESUNDHEITS-Tipps: Frische Germ ist ein wichtiger Vitamin B1 und B2 Lieferant, die die Tätigkeit der Gehirn- und Nervenzellen beeinflussen. Außerdem kann Presshefe vermischt mit Flüssigkeit auch als Gesichtsmaske gegen Akne verwendet werden.

Das Mehl

Der Germteig wird vorwiegend aus Weizenmehl hergestellt, aber auch der Dinkel (Urweizen) findet immer größere Beliebtheit.

Gutes Mehl ist trocken und locker und bei richtiger Aufbewahrung einige Zeit lagerfähig. Mehl ist ein sehr nährstoffreiches, pflanzliches Nahrungsmittel. Der Anteil der Nährstoffe richtet sich nach dem Grad der Ausmahlung des Getreidekorns. Darunter versteht man den Prozentsatz an Mehl, der beim Vermahlen des Korns gewonnen wird. Beim Einkauf des Mehls sollte man auf die Typenzahl achten, die auf der Verpackung angegeben ist. Sie besagt, wie hoch der Grad der Ausmahlung ist. So entspricht z.B. Mehltyp 550 einer Ausmahlung von 70–75 %, Typ 1050 ca. 80 % und Typ 1700 erreicht fast 100 % (das heißt, bei Typ 1700 wird das ganze Korn vermahlen, es enthält somit alle wertvollen Bestandteile). Die meisten Haushaltsmehle tragen die Typenzahl 480.

Vom gesundheitlichen Standpunkt sollten wir uns eigentlich nur mit grob geschroteten Mehlen aus dem vollen Korn (Vollkornmehl) ernähren, weil sie reich an Eiweiß, Ballaststoffen, Mineralstoffen und Vitaminen sind. Die meisten Backwaren gelingen jedoch besser mit feingemahlenen Mehlen, die durch den niedrigen Ausmahlungsgrad stärkereicher sind und somit einen höheren Klebergehalt aufweisen. Die Qualität des Weizenmehls ist vom Klebergehalt abhängig. Je höher der Klebergehalt, desto größer ist die Flüssigkeitsmenge, die gebunden werden kann. Für Germteige kann sowohl glattes als auch griffiges Mehl (oder eine Mischung der beiden Mehle) verwendet werden. Glattes Mehl ergibt zartere, feinporigere Teige. Bei jedem Rezept besteht die Möglichkeit, einen Teil des Mehls oder die gesamte Menge durch Vollkornmehl zu ersetzen.

GESUNDHEITS-Tipps: Durch das Backen wird das Mehl leicht verdaulich gemacht. Die Stärke wird in Dextrin umgewandelt und bräunt (karamelisiert) die Backware. Dadurch verleiht sie dem Gebäck den angenehmen Geruch und den guten Geschmack.

Vollkornmehl hat folgende Vorteile:

• enthält Ballaststoffe (diese wirken verdauungsfördernd),

• Mineralstoffe: Calcium, Kalium, Magnesium, Phosphor, Eisen,

• Vitamine der B-Gruppe — besonders B1 und B2 und Niacin.

Vollkornmehl soll stets frisch gemahlen werden,
da die Inhaltsstoffe durch die Lagerung leicht verloren gehen.
Da Vollkornmehl auch geringe Mengen an Fett enthält, kann es ranzig werden.

Das Ei

Eier sind eine ganz wichtige Backzutat. In erster Linie wird das Hühnerei verwendet. Das Ei besteht aus einer Kalkschale und dem darin enthaltenen Eiklar mit dem Eidotter.

Eier machen den Teig locker und luftig und stabilisieren ihn gleichzeitig. Außerdem geben sie der Mehlspeise eine appetitlich gelbe Farbe. Für besonders feines Gebäck wird nur der Eidotter verwendet – er macht das Gebäck mürbe. Verwendet man das ganze Ei, d.h. Eiklar und Eidotter, wird der Teig etwas härter (Eiweiß macht den Teig knuspriger).

Auch zum Bestreichen (Farbe und Glanz) wird das Ei verwendet.

Eier sind reich an Bau- und Wirkstoffen. Sie enthalten vollwertiges Eiweiß, Fett, Lecithin, sowie viel Vitamin A und mehrere für den menschlichen Organismus wichtige Spurenelemente. Der Nährwert beträgt im Durchschnitt pro Ei 376 Joule (90 Kalorien), wobei mehr als 3/4 davon auf den Eidotter entfallen.

Der Zucker

Zucker ist für den Germteig einerseits eine Geschmackszutat, andererseits aber auch eine rasch wirkende Nahrung für die Hefepilze. Es genügen kleine Mengen, um die Wirkung der Hefe zu beschleunigen.

GESUNDHEITS-Tipps: In der Vollwertküche wird anstatt raffiniertem Zucker meist Honig, Birnendicksaft, Ahornsirup oder brauner Rohrzucker als Süßungsmittel verwendet. Zucker kann aber auch durch Süßstoff oder Fruchtzucker ersetzt werden. Fruchtzucker hat den Vorteil, dass er insulinunabhängig abgebaut werden kann, außerdem kann die Menge verringert werden, weil die Süßkraft höher ist. Süßstoff ist eine vollkommen kohlenhydrat- und joulefreie Alternative zu Zucker. 1 Esslöffel Süßstoff entspricht etwa der Süßkraft von 150 g Zucker.

Die Flüssigkeit

Es können Vollmilch, Magermilch, Buttermilch, Sauermilch, verdünnte Kondensmilch, Schlagrahm, Wasser aber auch alkoholische Getränke wie Most, Weißwein oder Bier verwendet werden.

Die Flüssigkeit soll stets handwarm sein! Zu heiße Flüssigkeit tötet die Hefepilze ab, kalte Flüssigkeit verzögert die Wirksamkeit der Hefepilze und verlängert somit unnötig die Zubereitungszeit.

Am häufigsten verwendet wird jedoch Vollmilch mit einem Fettgehalt von ca. 3,6 %.

GESUNDHEITS-Tipps: Milch ist ein sehr wichtiger Calcium-, Magnesium- und Phosphorlieferant und enthält viel Vitamin A, B2 und D. Die Milch enthält biologisch hochwertiges Eiweiß, emulgiertes, leicht bekömmliches Fett und durch Zusatz von Kohlenhydraten wird die Milch leicht verdaulich.

Der Fettstoff

Fett im Gebäck bewirkt, dass es mürber wird und länger saftig bleibt. Das geschieht dadurch, dass sich das Fett nicht mit den anderen Backzutaten verbindet, sondern allerfeinst verteilt isoliert bleibt. Je besser das Fett verteilt ist („emulgiert" ist), desto weicher und feinporiger wird das Gebäck. Germ und Fett vertragen sich sehr schlecht miteinander. Das Fett „umschließt" die Hefezellen, so dass diese sich nicht vermehren und treibend wirksam werden können. Deshalb kann man bei Germteigrezepten mit viel Fett sicherheitshalber aus Flüssigkeit, Mehl und Germ ein Dampfl (Vorteig) zubereiten, das man gehen läßt und es erst dann mit den übrigen Zutaten vermengt.

Es können vielerlei Fettstoffe bei der Zubereitung eines Germteiges zum Einsatz kommen. Außer der am meisten verwendeten Butter kann man auch Butterschmalz, Öl, Margarine, Schmalz u. a. verwenden (Vorsicht: diese entwickeln einen stärkeren Eigengeschmack!). Verwendet man Öl oder Schmalz (statt Butter oder Magarine) als Fettstoff, kann die Menge um ein Viertel von der Rezeptangabe reduziert werden. Bei der Zubereitung des Teiges sollte auch hier die Temperatur zwischen 35 und 40° C liegen.

Die Geschmackszutaten

Salz ist ein Mineral, das zu 98 % aus Natriumchlorid besteht. Es sollte bei keinem Germgebäck fehlen, da es sonst einen sehr faden Geschmack hat. Der direkte Kontakt mit Germ sollte unbedingt vermieden werden.

Gewürze – darunter versteht man aromatisch schmeckende, getrocknete Pflanzenteile. Auch sie finden bei den unterschiedlichsten Rezepturen Verwendung, wie z.B. Anis, Fenchel, Kardamom, Muskat, Nelken, Safran, Zimt, Vanille u.v.a.

Weitere Geschmacksverbesserer bzw. Aromaträger können sein: Zitronensaft, Orangensaft, Zitronen-, Orangenschale (sollte man jedoch nur von biologischen bzw. unbehandelten Früchten verwenden), Rum, Kirschwasser, Bittermandel, Kakaopulver, Vanillezucker, Vanillepuddingpulver u.v.a.

4: Schnell und leicht zum Germteig

Unbedingt notwendige Zutaten für diesen Teig sind (Grundzutaten):

- 500 g Mehl
- 30 g Germ
- 1/2 TL Salz
- 1/4 l Flüssigkeit

Verbesserungszutaten:

- 2 ganze Eier
  oder nur Eidotter
- 70 g Butter
  (oder andere Fettstoffe)
- 70 g Staubzucker
  (auch Kristallzucker)

Germteigbereitung: „kinderleicht"

(ca. 8 Portionen, 372 kcal, 1560 kJ, 4,65 BE je Portion)

Geschmackszutaten:

- Vanillezucker, Rum, geriebene Zitronen- und/oder Orangenschale, Anis, Zimt, Mandeln, Walnüsse oder Haselnüsse und vieles mehr.

Zubereitung:

- Dem etwas vorgewärmten Mehl das Salz gut unterrühren (damit Germ und Salz nicht direkt miteinander in Berührung kommen).
- Die Germ (Frischgerm oder Trockengerm) ins Mehl bröseln bzw. streuen.

 Um die frische Germ besonders gründlich aufzulösen, soll man sie mit etwas lauwarmer Flüssigkeit verrühren!

- Nun alle weiteren trockenen Zutaten zum Mehl geben.
- In die restliche lauwarme Milch (oder andere Flüssigkeit) werden die Eier (oder Eidotter) einzeln eingesprudelt und dies ins Mehlgemisch eingerührt.
- Butter zerlassen (nicht zu hoch erhitzen!) und ebenfalls in den Teig einrühren.
- Falls bei einem Rezept noch andere Zutaten wie Topfen, Sauerrahm o.a. dazukommen, werden diese ebenfalls zum Schluss eingerührt.
- Alle Zutaten sollen ca. 35° C haben.
- Jetzt wird der Teig abgeschlagen, wobei man kleine Mengen mit einem Kochlöffel oder den Knethaken des Handrührgerätes bearbeitet. Größere Mengen werden mit der Küchenmaschine zubereitet. Es kann auch eine Germteigschüssel verwendet werden.
- Der Teig wird so lange geschlagen, bis er feinporig ist, sich vom Schüsselrand löst und Blasen bildet.
- Anschließend an einem warmen Ort, mit einem Tuch zugedeckt eine halbe Stunde rasten lassen. Der Teig kann während dieser Zeit ein- bis zweimal „zusammengeschlagen" werden, dadurch wird er besonders locker und feinporig. Man muß den Teig jedoch nach jeder manuellen Behandlung noch einmal gehen lassen!

Tipp: Der Teig geht schneller auf, wenn man ihn während der Rastzeit in ein warmes Wasserbad stellt. Nie sollte er jedoch auf eine heiße Herdplatte oder ins eingeschaltete Backrohr zum Rasten gegeben werden!

- Weitere Verarbeitung je nach Rezept.
- Nach dem Formen das Gebäck unbedingt für 10 bis 15 Minuten nochmals rasten lassen (warm und zugedeckt).
- Formen und Bleche müssen gut befettet oder mit Backtrennpapier ausgelegt werden.

Tipp: Will man aus einem Teig etwas formen, zum Beispiel Striezel, Kipferl oder Schnecken, macht man am besten einen eher festen Germteig. Für Gugelhupf, Potizzen, Obstkuchen u.a. soll der Teig etwas weicher sein!

- Flache Germteiggebäcke werden ins vorgeheizte Backrohr – mittlere Schiene – gegeben.
- Germteig in Formen oder höhere Gebäcke kommen ins bereits eingeschaltete, aber noch kalte Backrohr eher in den unteren Schienenbereich.

Was hat es mit dem Dampfl auf sich?

Es ist eigentlich nicht notwendig, für den Germteig ein Dampfl zu bereiten.

Will man jedoch einen sehr schweren, fettreichen Teig sicherheitshalber „andampfeln", so geht man wie folgt vor:

> Man rührt die Germ mit 1 EL Zucker, 2 EL Mehl und
> 3 EL lauwarmer Flüssigkeit (je nach Rezept) glatt.
> Dann läßt man diese Mischung (Dampfl) an einem
> warmen Ort zugedeckt gehen und verarbeitet sie
> anschließend mit den übrigen Zutaten zu einem glatten Teig.

Meist bereitet man ein Dampfl um zu sehen, ob die Germ (ältere Frisch- aber auch Trockengerm) noch „treibfähig" ist.

Wie funktioniert eine Germteigschüssel?

Für die Zubereitung kleinerer Mengen kann man auch eine Germteigschüssel aus Plastik verwenden (im Handel erhältlich).

Der Teig muss in diesem Fall nicht geknetet werden, allerdings dauert der Gesamtvorgang etwas länger.

Arbeitsvorgang:

- Man vermischt die Zutaten bis die Masse die gewünschte Festigkeit hat (siehe Germteig-Zubereitung).

- Die Oberfläche wird glatt gestrichen.

- Nun wird der Schüsseldeckel darauf gegeben (darauf achten, dass die Luft entweicht).

- Die verschlossene Schüssel wird nun in ein warmes Wasserbad gestellt.

- Der Teig nimmt rasch an Volumen zu und treibt den Deckel von der Schüssel.

- Den Teig zusammenschlagen, den Deckel wieder schließen und abermals ins warme Wasser stellen.

Tipp: Je öfter der Vorgang wiederholt wird, desto feiner wird der Teig!

5: Varianten der Gebäcksformen

Kleingebäckformen

Der Striezel

Striezel können nach verschiedenen Techniken geflochten werden. Es gibt Zöpfe mit 3, 4, 5, 6 aber auch 9 Teilen.
Der bekannteste ist sicherlich der sogenannte Sechserstriezel, der auch von den Bäckern hergestellt wird.

Striezel mit sechs Strängen

Der Teig wird in sechs gleiche Teile geteilt, die man zunächst zu Laibchen formt, diese ein wenig rasten läßt und sie dann zu gleichmäßigen Strängen (Rollen), die an beiden Enden leicht spitz zulaufen, ausrollt.

1. FLECHTGRIFF:
Die Rolle Nr. 3 wird über Nr. 4 gekreuzt.
Nr. 4 legt man links oben und
Nr. 3 rechts innen ab.

2. FLECHTGRIFF:
Nr. 6 wird über Nr. 1 gekreuzt,
Nr. 1 legt man rechts oben und
Nr. 6 links innen ab.

3. FLECHTGRIFF:
Links oben Nr. 4 wird mit rechts außen
Nr. 5 gekreuzt, wobei die obere Rolle
Nr. 4 über die untere gelegt wird.
Die obere Rolle legt man rechts innen
und die äußere links oben ab.

4. FLECHTGRIFF:
Die rechte obere Rolle Nr. 1 mit der linken
äußeren Nr. 2 kreuzen, wobei die obere
Rolle über die äußere gelegt wird.
Die äußere Rolle wird rechts oben
und die obere Rolle links innen abgelegt.

Der 3. und 4. Flechtgriff wechseln sich so lange ab, bis der Zopf fertig geflochten ist. Der Striezel wird nach dem Rasten mit Ei oder Milch bestrichen, eventuell mit Hagelzucker oder Mandelblättchen bestreut und bei ca. 180° C ca. 45 Minuten gebacken.

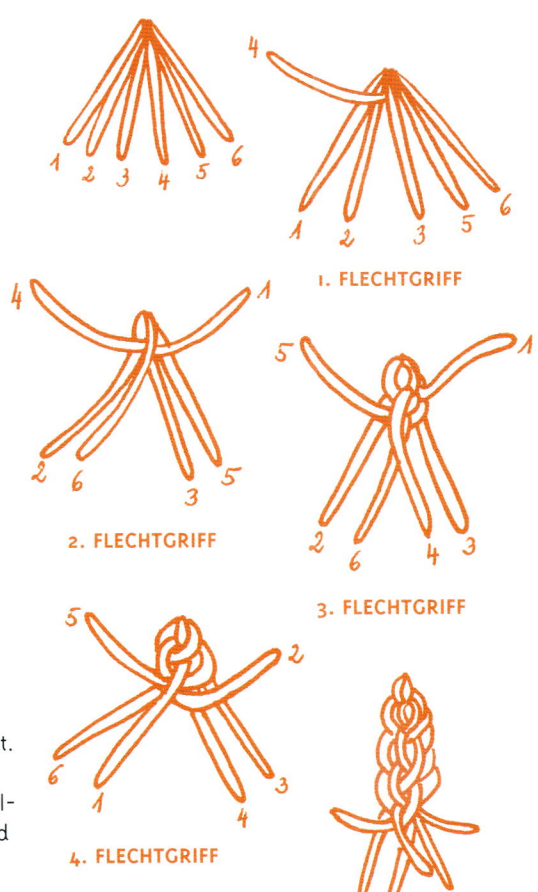

Varianten der Gebäcksformen

Andere Möglichkeiten wären noch:

Striezel mit fünf Strängen

Die fünf Rollen werden an ihren oberen Enden zusammengedrückt und drei davon rechts, zwei davon links abgelegt.

Die rechte äußere Rolle wird zur linken inneren Rolle und die linke äußere Rolle zur rechten inneren Rolle.

Das wiederholt sich so lange, bis der Zopf fertig ist — und daraus der ...

... gerippte Fünfstrangzopf entsteht.

Striezel mit vier Strängen

Die vier Rollen werden in Kreuzform gebracht, die Enden übereinandergelegt und fest zusammengedrückt.

Die obere Rolle wird mit der rechten Hand nach unten gelegt, gleichzeitig legt die linke Hand die untere Rolle nach oben.

Die querliegenden Rollen werden nach unten geführt und so gekreuzt, dass die rechte Rolle über der linken zu liegen kommt.

Die beiden Flechtungen (längs und quer) werden so lange wiederholt, bis so der Vierstrangzopf entsteht.

Varianten der Gebäcksformen

Sriezel mit drei Strängen

Drei gleichmäßig geformte Rollen an den oberen Enden zusammendrücken.

Die rechte äußere Rolle wird in die Mitte gelegt.

Die linke äußere Rolle wird nun zur Innenrolle.

Abwechselnd wird immer die Außenrolle zur Innenrolle …

… bis der Dreierstriezel fertig ist.

Der Einstrangzopf

Zuerst formt man eine nicht allzulange Rolle, die man drittelt:

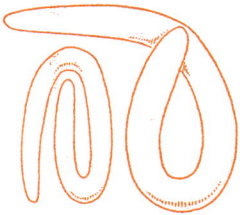 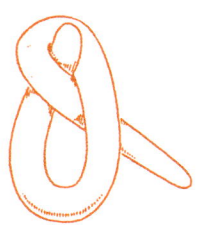  

Mit 2/3 der Rolle bildet man eine Schlaufe.

Das übrige Drittel zieht man durch die Schlaufe.

Der untere Teil der Schlaufe wird von links nach rechts umgedreht.

Das freie Rollenende zieht man nun durch die kleine Schlaufe.

Der Knopf

Man benötigt wieder eine nicht allzulange Rolle.

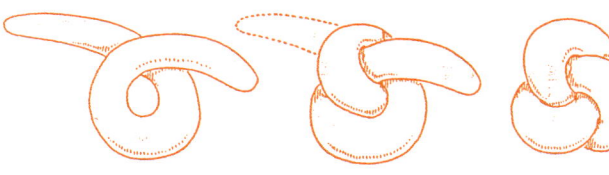

Diese legt man in eine Schlaufenform.

Die längere linke Rollenseite wird von oben nach unten durch die Schlaufe gezogen.

Das rechte Rollenende wird nun nach unten (hinten) geführt und mit dem linken verbunden.

So schaut der fertige Knopf aus.

Varianten der Gebäcksformen

Die Brezel

Eine ca. 40 cm lange fingerdicke Rolle formen.
Die zwei Enden aufheben, die Rolle ca. im letzten Viertel drehen,
so dass das rechte Ende auf dem rechten Bogen unten und
das linke Ende auf dem linken Bogen unten festgedrückt wird.

Verschiedene Kleingebäckformen

TIERMOTIVE

Das Schweinchen

Den Teig ca. 5–7 mm dick ausrollen.
Pro Schweinchen sticht man aus:
- 1 Kreis mit 8–9 cm Durchmesser,
- 2 Kreise mit 4–5 cm Durchmesser.

Der große Kreis dient als Gesicht,
einer der zwei kleinen Kreise als Rüssel
(evtl. mit Käseröllchen zwei Nasenlöcher ausstechen).
Den zweiten kleinen Kreis halbiert man in der Mitte, und diese Teile werden
als Ohren aufgesetzt. Mit Hilfe von Eiklar klebt man Ohren und Rüssel an und
bestreicht das Ganze mit versprudeltem Ei.

Die Katze

Von einem Teigstück zwei Drittel abschneiden und daraus eine keulenförmige Rolle formen. Ein Ende soll etwas dicker als das andere sein. Das dickere Ende nach unten biegen, als würde die Katze auf den Hinterpfoten sitzen. Aus dem restlichen Teil des Teiges Kopf, Ohren und Schwanz formen und mit Eiklar (Bindesubstanz) an den Körper drücken.
Augen mit Rosinen und Schnauze durch kreuzweises Einschneiden markieren. Körper mit Ei bestreichen, evtl. mit gehackten Nüssen bestreuen.
Nach dem Backen kann man als Schnauze mit Eiklar eine Nase aus Schokostreusel oder Schokoblättchen ankleben.

Der Elefant

Ein Teigstück halbieren, aus einem Stück eine ca. 8 cm lange Rolle formen, die umgebogen Körper und Beine darstellt. Aus dem zweiten Stück kleine Teile abschneiden und aus diesen Ohr und Schwanz formen.
Aus dem restlichen Teigstück einen Tropfen formen, wobei der runde Teil als Kopf an den Körper gedrückt wird und der spitze Teil aufgebogen wird und den Rüssel darstellt.
Mit einer Rosine das Auge markieren und den Körper mit Ei bestreichen.

Varianten der Gebäcksformen

Das Kücken

Teigstückchen durchkneten, ein Laibchen formen und daraus eine Rolle, die man zu einem Kücken (Knopfähnlich) formt. Das Schwanzende wird mit einer Gabel etwas flachgedrückt, so dass Rillen entstehen. Am Kcpf kann man den vorderen Teil mit einer sauberen Schere einzwicken, dies stellt den Schnabel dar. Augen mit Rosinen markieren und das Ganze mit Ei bestreichen.

Der Hase

Eine Teigrolle karottenförmig ausrollen. Das dicke Ende nach unten abbiegen, damit eine sitzende Position entsteht. Ein kugelförmiges Teigstück als Kopf gut andrücken und mit einem Messer von der Spitze her bis zur Hälfte einschneiden. Diese zwei Enden etwas auseinander drücken und etwas in die Länge ziehen. Als Schwänzchen eine kleine Teigrolle am Körperende mit Eiklar befestigen. Den Hasen vor dem Backen mit Ei bestreichen. Das Auge mit einer Rosine oder Hagelzucker markieren oder nach dem Backen mit Eiklar ein Blättchen Schokolade aufkleben.

hausgemacht:

ROLLEN GEFORMT ZU KLEINGEBÄCK

Varianten der Gebäcksformen

Der Krampus

Einfacher Krampus

Teig laut Vorlage einschneiden,
Rosinen für Augen, Mund und
Kette verwenden.
Mit der Schere den Körper einzwicken.

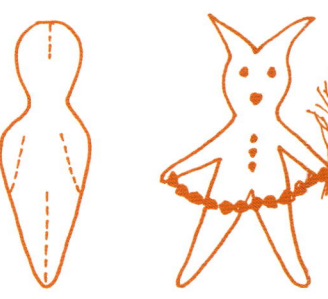

Gedrehter Krampus

Zwei Teigrollen entsprechend
der Zeichnung drehen.
Hörner aus Dörrzwetschken,
Augen und Knöpfe aus Rosinen,
Zunge aus einem Streifen Aranzini,
Rute aus Birkenzweigerl und Kette
aus aufgefädelten Rosinen herstellen.

Geflochtener Krampus

Aus vier Rollen einen Teil des
Körpers flechten (siehe Vorlage
Striezel mit vier Strängen),
zwei Enden werden zu Armen
nach oben gesteckt, die zwei
anderen dienen als Beine.

Zum Schluß setzt man den Kopf auf und schneidet ihn von oben ein.
Mit Rosinen markiert man die Augen und den Mund, die Knöpfe evtl. mit Hagelzucker
und die Rute mit einem Birkenzweigerl.

Kipferl, Tascherl und Kronen

Nuss-, Mohn- oder Marmeladekipferl

1.) Den Teig auf der Arbeitsfläche messerrückendick ausrollen.

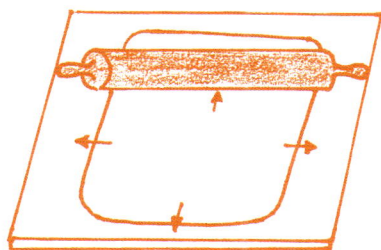

2.) Quadrate schneiden ca. 8 x 8 cm (je nach gewünschter Größe).

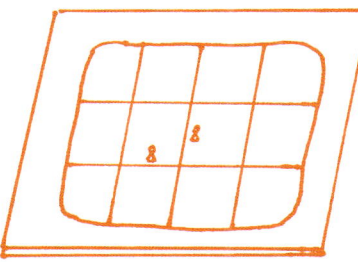

3.) Quadrate füllen.

4.) Kipferl formen, von einem Spitz beginnend einrollen und zu einer Hufeisenform biegen.

Kipferl für Croissants

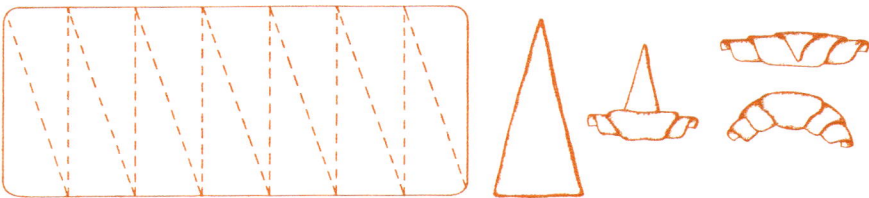

Den Plunderteig ca. 25 x 40 cm ausrollen und zu gleichschenkeligen Dreiecken schneiden mit einer Breite von ca. 10 cm. Dann von der Breitseite aus beginnend einrollen.

Tascherl, z.B. Topfentascherl

1.) Teig auf der Arbeitsfläche messerrückendick ausrollen.

2.) Quadrate zu ca. 10 x 10 cm schneiden.

3.) Quadrate füllen.

4.) Die vier Teigenden (-zipfel) über die Fülle schlagen und mit einer Gewürznelke oder Mandelsplitter zusammenstecken.

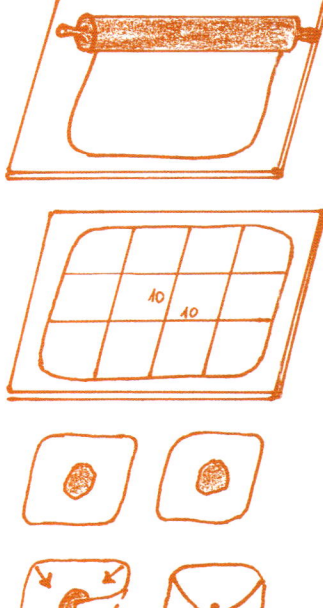

Kronen – Bärentatzen

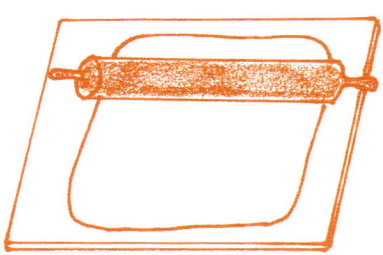

1.) Den Teig auf der Arbeitsfläche ausrollen.

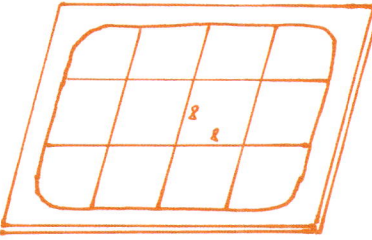

2.) Mit einem scharfen Messer Quadrate von ca. 8 x 8 cm schneiden.

3.) Auf eine Hälfte des Quadrates die Fülle streichen.

4.) Quadrate zusammenklappen und dreimal bis zur Hälfte einschneiden.

5.) In leicht gebogener Form aufs Backblech legen.

6: Tipps und Tricks bei der Germteigbereitung

- Alle Zutaten für den Germteig sollen **vorgewärmt** sein, d.h. Zimmertemperatur haben.
- Nur **frische Germ** verwenden – ältere Germ hat eine verminderte Treibkraft (Gärprobe).
- **Gärprobe** (oder Dampfl) kann wie folgt durchführt werden:
  Germ mit 1 Löffel Zucker, 2 Löffeln Mehl und 3 Löffeln Flüssigkeit (z.B. Milch) verrühren. Hierauf läßt man die Gärprobe an einem warmen Ort zugedeckt gehen. Wird sie doppelt so hoch, ist die Germ noch in Ordnung, und man kann sie mit den übrigen Zutaten verarbeiten.
- **Trockengerm** ist eine im Vakuum getrocknete Germ – ihre Anwendung ist sehr einfach.
- **Zucker** beschleunigt den Gärvorgang.
- **Fett** und **Salz** sollen nicht direkt mit der Germ in Berührung kommen.
  Die Hefepilze benötigen Sauerstoff, diesen können sie aber nicht erhalten, wenn sie von einer Fettschicht umgeben sind.
  Salz hält man deshalb fern, weil es die Zuckerbildung aus der Stärke des Mehls verhindert.

- Germteigrezepte können **leicht abgewandelt** werden, allerdings muss die Germmenge auf die Mehlmenge bezogen immer gleich bleiben.
- Unter **Flüssigkeitsmenge** versteht man nur die Flüssigkeit wie Milch oder Wasser und sonstiges – nicht aber z.B. zerlassene Butter oder Öl usw.
- Mit **Vollmehl** zubereitetes Germgebäck wird besonders locker, wenn man einen Eidotter oder zwei Esslöffel Öl mehr als im Rezept angegeben zum Teig gibt. Die Flüssigkeitsmenge muss ebenfalls erhöht werden.
- Germteige, die **nur mit Eidotter zubereitet** werden, sind zarter, feinporiger und ausgiebiger (Eiklar macht den Teig spröde).
- Wenn man eine **gekochte Kartoffel in das Mehl** reibt und die Flüssigkeitsmenge etwas verringert, bleibt das Gebäck mehrere Tage frisch.
- **Kleinere Mengen** und **weiche Teige** werden am schnellsten mit dem Kochlöffel oder dem Handmixer mit Knethaken „abgeschlagen" – so lange schlagen, bis der Teig glatt ist und sich von der Schüssel bzw. vom Kochlöffel löst.
- Bei **größeren Mengen** ist eine Küchenmaschine von Vorteil (Kraft- und Zeitersparnis).
- Die Verwendung der **Germteigschüssel** ist sehr arbeitserleichternd.
- **Feste Teige** können mit der Hand geknetet werden.
- Wird der Germteig **vor dem Formen nochmals durchgeknetet**, geht die lockere Dehnbarkeit teilweise verloren (schwereres Ausarbeiten).
- Wichtig ist die **richtige Temperatur**: 35–40° C (Körperwärme) für das „Aufgehen" des Teiges!
- An einem **kühlen Ort** geht der Teig sehr langsam, an einem **zu warmen Ort** (bereits ausgeschaltete Kochplatte oder Backrohr) sterben die Hefepilze ab.
- Idealer ist es, die **Germteigschüssel in gut lauwarmes Wasser** zu stellen, um den Teig „gehen" zu lassen.
- Geht der Teig **zu kurz**, wird er schwer – er bleibt „sitzen" (Gebäck wird speckig).
- Geht er **zu lange**, wird er brüchig, sauer und fällt zusammen.

- Der Germteig soll an einem **mäßig warmen Ort** zu **doppelter Höhe** aufgehen (kann eventuell ein bis zwei Mal „zusammengeschlagen" werden, dann nochmals aufgehen lassen).
- Teig während des Rastens **zudecken** (z.B. mit einem sauberen Geschirrtuch). Zugluft vermeiden!
- Backformen und Backbleche **gut befetten oder Backtrennpapier** verwenden.
- Wird Germteig im Fett herausgebacken (z.B. Faschingskrapfen), gibt man etwas **Rum zum Teig**, er zieht dann weniger Fett an.
- Gebäck vor dem Backen im Backrohr **mit zerklopftem Ei bestreichen**, es erhält dadurch eine schöne, glänzende Oberfläche.
- Will man eine **sehr intensive Färbung**, soll nur der Eidotter (eventuell mit etwas Milch versprudelt) zum Bestreichen verwendet werden.
- **Gut aufgegangene Teige** auf Blechen ins heiße Backrohr schieben, damit sie ihre Form behalten.
- **Germteige, die noch „aufgehen" sollten**, soll man ins bereits eingeschaltete, aber noch kalte Backrohr schieben.
- Germgebäck eignet sich sehr gut zum **Einfrieren**.
- Gebäck soll frisch, aber erst **nach dem Auskühlen** eingefroren werden.

GESUNDHEITS-Tipps:
(HINWEISE FÜR DIABETIKER)

- Die **Zuckermenge** kann bei jedem Rezept auf ein Minimum reduziert werden.
- Es kann ein Teil oder die gesamte Menge des Zuckers durch **Süßstoff** ersetzt werden.
- Als joulearme Streckmittel können **Topfen** oder **passierte Kartoffeln** zum Teig gegeben werden (siehe Rezeptteil).
- Gibt man **Magertopfen** zur Masse, reduziert man die Fettmenge.
- Anstatt Vollmilch kann man auch **Magermilch** verwenden.

Rezepte

7. Rezepte für im Backrohr gebackenen Germteig

Baba

(ALTBEKANNTE RUSSISCHE SPEZIALITÄT)

(ca. 6 Portionen, 469 kcal / 1964 kJ / 4,76 BE pro Portion)

Zutaten:

Teig: 300 g glattes Mehl, 1/2 TL Salz, 20 g Germ, 30 g Staubzucker, 3/16 l Milch, 120 g Butter, 50 g Korinthen, 50 g Rosinen, 2 EL Rum. Butter für die Form
Überguss: 1/8 l heißes Wasser, 1/16 l Rum, 20 g Puderzucker

Zubereitung:

Germteig bereiten. An einem warmen Ort 15 Minuten gehen lassen. Die vorher in Rum eingelegten Korinthen und Rosinen unterschlagen und weitere 20 Minuten gehen lassen. Teig in eine gut ausgefettete Zylinderform (Babaform) geben. Zugedeckt so lange gehen lassen bis die Form voll ist. Bei 200° C ca. 20 Minuten backen. Sobald die Oberseite zu bräunen beginnt, auf 160° C zurückschalten und fertig backen. Vorsichtig stürzen. Zucker und Wasser ca. 6 Minuten kochen lassen = Läuterzucker. Den fertigen, noch warmen Kuchen mit Läuterzucker und Rum tränken. Mit Puderzucker bestreuen.

Tipp: Baba mit geschlagenem Obers verzieren. Form unbedingt sehr gut ausfetten!

GERM/HEFE • STAUBZUCKER/PUDERZUCKER

Savarin

(8 Portionen, 461 kcal / 1928 kJ / 6,03 BE je Portion)

Zutaten:

Teig: 250 g glattes Mehl, 30 g Germ, 1/8 l Milch, 1/2 TL Salz, 80 g Butter, 30 g Staubzucker, 1 Ei, 2 Eidotter

Sirup-Überguss: 1/4 l Wasser, 300 g Kristallzucker, 2 EL Zitronensaft, 1/8 l Rum oder eine **andere Art von Überguss:** 8 EL Rum, 5 EL Maraschino, 4–5 EL Wasser, 50 g Zucker, 1 EL Vanillezucker

100 g Marillenmarmelade und 2 EL Rum zum Bestreichen

Früchte zum Füllen, Obers zum Verzieren

Zubereitung:

Aus den Zutaten einen sehr feinporigen Germteig bereiten und diesen eine halbe Stunde rasten lassen. Savarinform gut mit Butter ausstreichen. Mit dem Teig bis zur halben Höhe füllen. Zugedeckt so lange gehen lassen, bis die Form voll ist. Im vorgeheizten Backrohr bei 200° C etwa 30 Minuten backen. Das Gebäck in der Form erkalten lassen. Währenddessen Kristallzucker mit 1/4 l Wasser und Zitronensaft für 3 Minuten kochen, von der Platte nehmen und danach Rum einrühren (oder alkoholische Zutaten mit Zucker und Wasser kurz aufkochen lassen). Den Savarin auf ein Kuchengitter stürzen und mit dem noch warmen Sirup tränken. Marmelade und Rum verrühren – einmal aufkochen lassen und den Kuchen damit bestreichen. Früchte waschen, gut abtropfen lassen und den Savarin damit füllen. Mit steif geschlagenem Obers verzieren.

 Da Eiweiß den Germteig hart macht, sollte man nie mehr als 2 ganze Eier auf 500 g Mehl verwenden, für den Rest nur Eidotter.

GERM/HEFE · STAUBZUCKER/PUDERZUCKER · EIDOTTER/EIGELB · MARILLE/APRIKOSE · OBERS/SAHNE
RASTEN/AUSRUHEN · BACKROHR/BACKOFEN

Rezepte für im Backrohr gebackenen Germteig

Böhmischer Zopf

(8 Portionen, 624 kcal / 2611 kJ / 6,07 BE je Portion)

Zutaten:

Teig: 400 g glattes Mehl, 1/2 TL Salz, 30 g Germ, 40 g Staubzucker, 50 g Butter, ca. 1/8 l Milch, bei Bedarf etwas Rum

Topfenfülle: 40 g Butter, 40 g Staubzucker, 20 g Vanillepuddingpulver, 150 g Magertopfen, 1 Eidotter, 1 EL Vanillezucker, geriebene Schale von 1 Zitrone

Mohnfülle: 100 g gemahlener Mohn, 50 g Staubzucker, 1/8 l Milch, 1 EL Honig, 1/2 TL Zimt, 1 EL Rum

Marzipanfülle: 100 g Rohmarzipan, 30 g Butter, 50 g geriebene Mandeln, 1 Ei und 1 Eidotter, geriebene Schale von 1 Zitrone

Zubereitung:

Germteig bereiten und eine halbe Stunde an einem warmen Ort rasten lassen.

Topfenfülle: Butter, Eidotter und Staubzucker schaumig rühren. Puddingpulver, Topfen und Zitronenschale einrühren.

Mohnfülle: Milch, Honig und Zucker aufkochen lassen, Mohn dazu geben und nochmals unter ständigem Rühren aufkochen. Übrige Zutaten einrühren und auskühlen lassen.

Marzipanfülle: Butter, Marzipan, Mandeln, Ei, Eidotter und Zitronenschale mit dem Handmixer glatt rühren.

Den Teig messerrückendick zu einem Rechteck ausrollen. Längs in 3 gleich breite Streifen schneiden. Jeden Streifen mit der Fülle bestreichen. Die Teigstreifen der Länge nach einrollen. Aus den 3 Teilen einen Zopf flechten und diesen in eine befettete Kastenform geben. Nochmals 15 Minuten gehen lassen. Mit zerschlagenem Ei bestreichen. Bei 190°C ca. 50 Minuten backen.

 Um festzustellen ob das Gebäck bereits durchgebacken ist, die Nadelprobe durchführen – siehe Begriffserklärungen.

GERM/HEFE • STAUBZUCKER/PUDERZUCKER • TOPFEN/QUARK • EIDOTTER/EIGELB
RASTEN/AUSRUHEN • FÜLLE/FÜLLUNG

hausgemacht:

Topfenzopf

(10 Portionen, 380 kcal / 1592 kJ / 4,52 BE je Portion)

Zutaten:

Teig: 500 g glattes Mehl, 120 g Staubzucker, 100 g Butter, 250 g Magertopfen, 60 g Germ, 1/2 TL Salz, 2 Eier, 1/8 l Milch, 4 EL Sauerrahm, 1 EL Vanillezucker, geriebene Schale von 1 Zitrone, Rosinen oder Sultaninen oder Aranzini
Ei zum Bestreichen, Mandelblättchen zum Bestreuen

Zubereitung:

Aus den Zutaten einen festen Germteig bereiten und diesen eine halbe Stunde gehen lassen.

Anschließend Rosinen (oder Aranzini) unterkneten und nochmals 15 Minuten gehen lassen. Teig in 3 Teile schneiden und Stränge daraus formen.

Zu einem 3-er Zopf flechten.

Auf ein befettetes Blech geben und nochmals 10 Minuten gehen lassen.

Mit versprudeltem Ei bestreichen und mit Mandelblättchen bestreuen.

Im vorgeheizten Backrohr bei 190° C ca. 45 Minuten backen.

Tipp: Ei oder Eidotter zum Bestreichen von Gebäck soll mit etwas Wasser oder Milch versprudelt werden. Es lässt sich so gleichmäßiger auf dem Gebäck verstreichen.

TOPFEN/QUARK · STAUBZUCKER/PUDERZUCKER · GERM/HEFE · SAUERRAHM/SAURE SAHNE
VERSPRUDELT/VERQUIRLT · BACKROHR/BACKOFEN · EIDOTTER/EIGELB

Rezepte für im Backrohr gebackenen Germteig

Apfelkranz

(10 Portionen, 436 kcal / 1825 kJ / 5,38 BE je Portion)

Zutaten:

Teig: 500 g glattes Mehl, 1/2 TL Salz, 30 g Germ, 80 g Staubzucker, 100 g Butter, 2 Eidotter, 1/8 l gut lauwarme Milch, 1 EL Vanillezucker, geriebene Schale von 1/2 Zitrone

Fülle: 250 g Magertopfen, 80 g Staubzucker, 600 g kleinwürfelig geschnittene Äpfel, 1 Eidotter, 1 EL Vanillezucker, 1/2 TL Zimt, 1/16 l Obers

Zubereitung:

Einen festen Germteig bereiten und diesen eine halbe Stunde rasten lassen.

Fülle: Topfen, Zucker, Zitronensaft, Vanillezucker, Zimt und Eidotter verrühren. Feinwürfelig geschnittene Äpfel unter die Topfenmasse rühren (eventuell Rosinen dazugeben).

Teig rechteckig ausrollen und die Topfen-Apfelmasse darauf verteilen. Zusammenrollen und auf einem befetteten Blech einen Kranz daraus formen. Nochmals 15 Minuten gehen lassen.

Mit versprudeltem Ei bestreichen und mit gehackten Pinienkernen bestreuen. Bei 200° C ca. 45 Minuten backen.

Bei allen Germteigen muss der Teig nach dem Schlagen oder Formen nochmals gehen, ansonsten können die Hefezellen nicht richtig arbeiten!

GERM/HEFE • STAUBZUCKER/PUDERZUCKER • EIDOTTER/EIGELB • FÜLLE/FÜLLUNG • TOPFEN/QUARK
OBERS/SAHNE • RASTEN/AUSRUHEN • VERSPRUDELT/VERQUIRLT

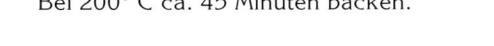

Nuss-Schneckenkuchen

(10 Portionen, 675 kcal / 2825 kJ / 4,98 BE je Portion)

Zutaten:

Teig: 500 g glattes Mehl, 1/2 TL Salz, 30 g Germ, 70 g Butter, 70 g Staubzucker, 3 Eier, 1/8 l Milch, 1 EL Vanillezucker, 1/16 l Obers

Fülle: 400 g Walnüsse, 1 TL Zimt, 80 g Kristallzucker, 2 EL Rum, 2 Eidotter, 60 g Butter

Zubereitung:

Germteig bereiten und diesen eine halbe Stunde an einem warmen Ort rasten lassen.

Fülle: Die Nüsse hacken, mit Zimt, Zucker und Rum verrühren.

Butter leicht erwärmen und mit den Eidottern glatt rühren. Teig rechteckig ausrollen, mit Butter-Eidottergemisch bestreichen. Nussmischung darüber streuen. In 5 cm breite Streifen schneiden, diese zu Schnecken einrollen.

Dicht nebeneinander in eine gut ausgefettete runde Form geben.
Nochmals 10 Minuten gehen lassen.

Im vorgeheizten Backrohr bei 190° C ca. 40 Minuten backen.

Tipp: Vorsicht bei der Verwendung von Walnüssen!
Diese werden auf Grund des hohen Fettgehaltes leicht ranzig.
Vor der Verarbeitung unbedingt überprüfen, ob sie noch in Ordnung sind!

GERM/HEFE · STAUBZUCKER/PUDERZUCKER · OBERS/SAHNE · FÜLLE/FÜLLUNG · EIDOTTER/EIGELB
RASTEN/AUSRUHEN · BACKROHR/BACKOFEN

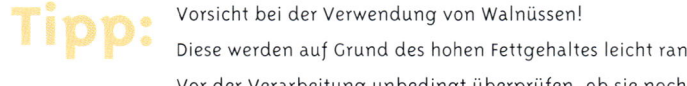

Rezepte für im Backrohr gebackenen Germteig

Buchteln
mit Marillenmarmelade

Buchteln (Wuchteln)

(10 Portionen, 414 kcal / 1733 kJ / 4,42 BE je Portion)

Der Name Buchteln ist vor allem im Wiener Raum gebräuchlich, im Westen Österreichs heißt dieses Gebäck Wuchteln. In Oberösterreich und Süddeutschland sagt man auch Rohrnudeln dazu.

Zutaten:
Teig: 500 g Mehl (250 g glattes Mehl, 250 g griffiges Mehl), 70 g Staubzucker, 70 g Butter, 30 g Germ, ca. 1/4 l Milch, 3 Eidotter, 1/2 TL Salz, geriebene Schale von 1/2 Zitrone, 1 EL Vanillezucker
100 g Butter zum Eindrehen, Marillenmarmelade zum Füllen

Zubereitung:
Germteig bereiten und eine halbe Stunde rasten lassen. Teig ausrollen und in 6 x 6 cm große Quadrate schneiden. In die Mitte einen Kaffeelöffel Marmelade geben. An den 4 Ecken den Teig zusammenführen und festdrücken. In zerlassener Butter drehen und mit der Naht nach unten in eine befettete Form schlichten. Zugedeckt 20 Minuten gehen lassen. Die Oberfläche nochmals mit Butter bestreichen. Bei 190° C ca. 40 Minuten backen. In der Form leicht auskühlen lassen. Vorsichtig stürzen und mit Staubzucker bestreuen.

 Als Fülle kann auch Powidl, Topfenfülle, Nuss- oder Mohnfülle verwendet werden. Die Buchteln können auch ohne Fülle zubereitet werden. Diese werden sehr klein gemacht, die sogenannten Dukatenbuchteln. Den selben Teig formt man hierfür zu einer Rolle, schneidet ihn in ca. 4 cm lange Stücke und stellt diese in eine mit Butter und Milch leicht bedeckte Form dicht nebeneinander. Nochmals aufgehen lassen und bei 180° C ca. 40 Minuten backen.

BUCHTELN/ROHRNUDELN · STAUBZUCKER/PUDERZUCKER · GERM/HEFE · EIDOTTER/EIGELB · MARILLE/APRIKOSE
RASTEN/AUSRUHEN · FÜLLE/FÜLLUNG · POWIDL/PFLAUMENMUS · TOPFEN/QUARK

Rezepte für im Backrohr gebackenen Germteig

Spezialbuchteln

(10 Portionen, 464 kcal / 1941 kJ / 5,8 BE je Portion)

Zutaten:

Teig: 350 g glattes Mehl, 1/2 TL Salz, 30 g Germ, 70 g Zucker, 50 g Butter, 3/16 l Milch, 2 Eier, 1 EL Vanillezucker
Fülle: 250 g Magertopfen, 2 EL Vanillepuddingpulver, 2 EL Zucker, 2 Eidotter, 200 g Früchte (eingelegte Pfirsiche, Kirschen u.a.)
Streusel: 150 g Mehl, 100 g Zucker, 70 g Butter, 1 EL Vanillezucker

Zubereitung:

Germteig bereiten und an einem warmen Ort eine halbe Stunde rasten lassen. Aus dem Teig eine Rolle formen und diese in 10 gleich große Teile schneiden. Jede Scheibe zu einer Kugel formen. Die Kugeln eng nebeneinander in eine ausgefettete Kranzform geben. In die Mitte jeder Kugel eine Vertiefung drücken. Für die Fülle alle Zutaten gut verrühren. Jeweils 1 EL der Fülle in die Vertiefung geben. Früchte gut abtropfen lassen und auf der Fülle verteilen.

Butter zergehen lassen und mit Mehl, Zucker und Vanillezucker zu Streusel verarbeiten. Diesen über den Kuchen verteilen. Nochmals 1/4 Stunde gehen lassen. Im vorgeheizten Backrohr bei 190° C ca. 40 Minuten backen.

 Es können frische, aber auch eingelegte Früchte verwendet werden – diese jedoch gut abtropfen lassen, sonst nimmt der Teig zu viel Flüssigkeit auf und kann speckig werden!

BUCHTELN/ROHRNUDELN · GERM/HEFE · FÜLLE/FÜLLUNG · TOPFEN/QUARK · RASTEN/AUSRUHEN
BACKROHR/BACKOFEN

Gugelhupf

(10 Portionen, 563 kcal / 2357 kJ / 6,27 BE je Portion)

Zutaten:

Teig: 500 g glattes Mehl, 25 g Germ, 100 g Zucker, 1 EL Vanillezucker, 1 Ei, 5 Eidotter, 150 g Butter, ca. 1/4 l Milch, geriebene Schale von 1 Zitrone, 1 EL Rum, 250 g Rosinen

Ausstreichen der Form: Butter, 30 g Mandeln (geschält und gerieben), Semmelbrösel

2 EL Staubzucker und 1 EL Vanillezucker zum Bestreuen

Zubereitung:

Germteig zubereiten und so lange an einem warmen Ort gehen lassen, bis er doppelt so hoch ist.

Dann den Teig zusammenschlagen und die Rosinen unterheben.

Die Gugelhupfform mit Butter gut befetten und mit Mandel-Semmelbröselgemisch ausstreuen.

Den Teig in die Form füllen und nochmals gehen lassen.

Bei 180° C ca. 45 Minuten backen.

Den erkalteten Gugelhupf mit Staub- und Vanillezucker bestreuen.

Tipp: Gugelhupf nicht sofort aus der Form stürzen, sonst fällt er zusammen!

GERM/HEFE · EIDOTTER/EIGELB · SEMMELBRÖSEL/PANIERMEHL · STAUBZUCKER/PUDERZUCKER

Rezepte für im Backrohr gebackenen Germteig

Patzerlgugelhupf

(12 Portionen, 537 kcal / 2250 kJ / 5,16 BE je Portion)

Zutaten:

Teig: 700 g glattes Mehl, 80 g Butter, 70 g Zucker, 40 g Germ, 3 Eidotter, 1 TL Salz, ca. 1/4 l Milch
Topfenfülle: 100 g Topfen, 20 g Staubzucker, 1 Ei, 20 g Rosinen, Saft und geriebene Schale von 1/2 Zitrone
Mohnfülle: 120 g gemahlener Mohn, 1 EL Honig, 20 g Zucker, 1 Msp. Zimt, 1/8 l Milch, Saft und geriebene Schale von 1/2 Zitrone
Nussfülle: 150 g geriebene Nüsse, 20 g Zucker, 20 g Semmelbrösel, ca. 1/8 l heiße Milch, 1 Msp. Zimt, 3 EL Rum

Zubereitung:

Germteig bereiten und eine halbe Stunde warm rasten lassen.
Topfenfülle: alle Zutaten gut verrühren.
Nuss- und Mohnfülle: die Milch aufkochen lassen und die übrigen Zutaten einrühren. Unter ständigem Rühren einmal aufkochen.
Den Teig in 24 Stücke teilen. Diese wie Buchteln verschiedenartig füllen. Abwechselnd in eine gut befettete Gugelhupfform geben. Nochmals ca. 20 Minuten gehen lassen. Bei 190° C ca. 45 Minuten backen.

 Diese Masse reicht für zwei Formen.
Kuchen, die eingefroren waren, sollten nach dem Auftauen nicht erneut eingefroren werden, die Qualität leidet darunter.

PATZERL/KLUMPEN • GERM/HEFE • EIDOTTER/EIGELB • TOPFEN/QUARK • FÜLLE/FÜLLUNG
STAUBZUCKER/PUDERZUCKER • SEMMELBRÖSEL/PANIERMEHL • RASTEN/AUSRUHEN • BUCHTELN/ROHRNUDELN

Früchtegugelhupf

(10 Portionen, 500 kcal / 2093 kJ / 5,26 BE je Portion)

Zutaten:

Teig: 500 g glattes Mehl, 1/2 TL Salz, 100 g Butter, 80 g Staubzucker, 30 g Germ, 1/4 l Milch, 2 Eier, 2 Eidotter, geriebene Schale von 1 Zitrone

Fülle: 400 g Früchte (Himbeeren, Kirschen u.a.), 150 g Kristallzucker, 4 EL Himbeergeist oder Kirschwasser, 50 g Speisestärke (Maizena o.a.)

Butter zum Eindrehen

Zubereitung:

Germteig bereiten und eine halbe Stunde rasten lassen.

Früchte waschen und mit Kristallzucker einmal aufkochen.

Den Himbeergeist (Kirschwasser) mit der Speisestärke verrühren und die Früchte damit binden; die Masse erkalten lassen.

Den Teig ca. 4 mm dick ausrollen und in 8 x 8 cm große Quadrate schneiden.
Auf jedes Quadrat in die Mitte einen EL der Fülle geben.
Wie Buchteln formen (Enden zusammenfassen).
In zerlassener Butter eindrehen und dicht nebeneinander in eine befettete Gugelhupfform geben.

Nochmals zugedeckt 20 Minuten gehen lassen.

Im vorgeheizten Backrohr bei 180° C ca. 1 Stunde backen.

STAUBZUCKER/PUDERZUCKER • GERM/HEFE • EIDOTTER/EIGELB • FÜLLE/FÜLLUNG
RASTEN/AUSRUHEN • BUCHTELN/ROHRNUDELN • BACKROHR/BACKOFEN

Rezepte für im Backrohr gebackenen Germteig

Butterkuchen

(8 Portionen, 413 kcal / 1728 kJ / 3,92 BE je Portion)

Zutaten:

Teig: 300 g glattes Mehl, 1/2 TL Salz, 25 g Germ, 40 g Butter, 50 g Staubzucker, 1/8 l Milch, 3 EL Obers, 2 Eidotter
Belag: 120 g Butter, 100 g Zucker, 1/2 TL Zimt

Zubereitung:

Germteig bereiten und 20 Minuten rasten lassen.

Auf einem vorbereiteten Blech rechteckig ausrollen.

In Abständen von 2 cm kleine Mulden drücken und Butterflöckchen hineingeben.

Zucker-Zimtgemisch auf den Teig streuen.

Teig nochmals 15 Minuten gehen lassen.

Bei 190° C ca. 25 Minuten backen.

 Die Zugabe von Obers zum Germteig macht diesen besonders mürbe und zart. Butterkuchen eignet sich hervorragend zum Einfrieren! Noch in lauwarmem Zustand in Stücke oder in Bahnen schneiden, in Folie verpacken und einfrieren. So bleibt er auch noch nach dem Auftauen frisch und saftig!

GERM/HEFE · STAUBZUCKER/PUDERZUCKER · OBERS/SAHNE · EIDOTTER/EIGELB · RASTEN/AUSRUHEN

hausgemacht:

Süßes Brot

(10 Portionen, 248 kcal / 1039 kJ / 3,7 BE je Portion)

Zutaten:

Teig: 500 g glattes Mehl, 1/16 l Weißwein, 1 TL Schweineschmalz (Butter), 3 EL Zucker, 1 TL Salz, 1 EL Vanillepuddingpulver, 20 g Germ, 1/4 l Milch, geriebene Schale von 1/2 Zitrone

Zubereitung:

Das Puddingpulver in Weißwein gut auflösen.

Den Germteig bereiten, wobei Milch und Wein zusammengegeben werden.

Den Teig gut rasten lassen.

Aus dem Teig 1 bis 2 Laibe formen.

Nochmals 15 Minuten gehen lassen.

Bei 200° C ca. 45 Minuten backen.

Sofort nach dem Backen den heißen Laib mit Milch bestreichen.

Tipp: Milch nach dem Backen auf die Rinde gestrichen macht diese besonders mürbe!

GERM/HEFE · RASTEN/AUSRUHEN

Rezepte für im Backrohr gebackenen Germteig

Nussschnecken, Nusskipferl & Tag-Nachttaler

Tag-Nachttaler

(20 Taler, 309 kcal / 1293 kJ / 3,34 BE je Taler)

Zutaten:
Teig: 500 g glattes Mehl, 1/2 TL Salz, 40 g Germ, 1/4 l Milch, 90 g Butter, 80 g Staubzucker, 2 Eier, geriebene Schale von 1 Zitrone
Helle Fülle: 250 g Magertopfen, 110 g Staubzucker, 2 EL Rum, 3 EL Vanillepuddingpulver, 2 Eidotter, geriebene Schale von 1 Zitrone
Dunkle Fülle: 200 g geriebener Mohn, 1/4 l Milch, 2 EL Rum, 2 EL Semmelbrösel, 1 EL Vanillezucker, 70 g Kristallzucker

Zubereitung:
Germteig bereiten und an einem warmen Ort eine halbe Stunde rasten lassen.
Helle Fülle: Alle angegebenen Zutaten für die Topfenfülle gut miteinander verrühren.
Dunkle Fülle: Milch und Zucker aufkochen, Mohn einrühren und nochmals aufkochen lassen. Danach Rum, Vanillezucker und Semmelbrösel unterrühren – Fülle kalt stellen.
Germteig 5 mm dick ausrollen und 10 Minuten aufgehen lassen. Mit einem runden Ausstecher Kreise ausstechen. Etwas erhöhte Ränder formen. Mit Eidotter bestreichen. Die Teigkreise mit je 2 TL Topfenfülle und 2 TL Mohnfülle belegen (jeweils gegenüber). Auf vorbereitetem Blech nochmals 15 Minuten gehen lassen. Im vorgeheiztem Backrohr bei 200° C etwa 20 Minuten backen.

Füllen nicht zu dünn zubereiten (mit den flüssigen Zutaten vorsichtig sein – Mengenangaben beachten!), sie fließen sonst ineinander.
Füllen rasten lassen – Zutaten binden erst nach einiger Zeit gut.

GERM/HEFE · STAUBZUCKER/PUDERZUCKER · FÜLLE/FÜLLUNG · TOPFEN/QUARK · EIDOTTER/EIGELB
SEMMELBRÖSEL/PANIERMEHL · RASTEN/AUSRUHEN · BACKROHR/BACKOFEN

Rezepte für im Backrohr gebackenen Germteig

Pinzen

(6 Pinzen, 572 kcal / 2395 kJ / 6,32 BE je Portion)

Zutaten:

Teig: 500 g griffiges Mehl, 30 g Germ, 80 g Staubzucker, 1 TL Salz, 2 Eidotter, 1 Ei, 120 g Butter, 1 Msp. Muskatnuss, 3/16 l Milch, geriebene Schale von 1/2 Zitrone

Zubereitung:

Germteig bereiten und rasten lassen.

Den Teig halbieren und zwei Laibe formen. Auf befettetes Backblech geben.

An einem warmen Ort gehen lassen.

Mit Eidotter bestreichen.

Die Laibe dritteln und mit einem scharfen Sägemesser tief einschneiden.

Im vorgeheizten Backrohr bei 180° C ca. 35 Minuten backen.

 Pinzen erst nach dem Aufgehen, kurz bevor man sie ins Backrohr schiebt, einschneiden, sonst erkennt man die gewollte „Teilung" nicht mehr. Man kann auch mehrere kleine Pinzen bereiten, die man dann nur einmal einschneidet – „halbiert".

GERM/HEFE · STAUBZUCKER/PUDERZUCKER · EIDOTTER/EIGELB · RASTEN/AUSRUHEN · BACKROHR/BACKOFEN

Topfentascherl

(10 Stück, 410 kcal / 1716 kJ / 4,68 BE je Tascherl)

Zutaten:

Teig: 500 g glattes Mehl, 1/2 TL Salz, 30 g Germ, 60 g Butter, 60 g Staubzucker, 1/4 l Milch, 1 EL Rum, geriebene Schale von 1 Zitrone

Fülle: 60 g Butter, 80 g Staubzucker, 1 Ei, 250 g Magertopfen, 1 EL Rum, 30 g Rosinen, 1 EL Vanillezucker, geriebene Schale von 1/2 Zitrone

Zubereitung:

Germteig bereiten und eine halbe Stunde rasten lassen.

Fülle: Butter schaumig rühren. Zucker und Ei gut einmixen. Alle übrigen Zutaten leicht unterheben.

Den Teig messerrückendick ausrollen. In 10 x 10 cm große Quadrate schneiden. Mit 1 EL Fülle jeweils in der Mitte der Quadrate belegen. Die vier Teigenden über die Fülle geben und in der Mitte mit einer Gewürznelke oder einem Mandelsplitter zusammenstecken. Nochmals 10 Minuten rasten lassen. Mit versprudeltem Ei bestreichen. Im vorgeheiztem Backrohr bei 190° C ca. 20 Minuten backen.

Gebäck möglichst in Portionen einfrieren, die später auf einmal verbraucht werden können, da aufgetautes Gebäck nicht mehr lange lagern soll.

TASCHERL/TASCHE · GERM/HEFE · STAUBZUCKER/PUDERZUCKER · FÜLLE/FÜLLUNG · TOPFEN/QUARK
RASTEN/AUSRUHEN · VERSPRUDELT/VERQUIRLT · BACKROHR/BACKOFEN

Rezepte für im Backrohr gebackenen Germteig

Wespennest

Wespennest

(10 Portionen, 650 kcal / 2723 kJ / 4,7 BE je Portion)

Zutaten:

Teig: 400 g glattes Mehl, 1/2 TL Salz, 80 g Staubzucker, 80 g Butter, 3 Eidotter, 2 Eier, 1/8 l Milch, 1/8 l Obers, 30 g Germ, geriebene Schale von 1 Zitrone
Fülle: 100 g Butter, 120 g gemahlener Mohn, 120 g geriebene Walnüsse, 100 g Rosinen, 2 EL Rum, 1 Msp. Zimt, 80 g Kristallzucker
Zerlassene Butter zum Eindrehen

Zubereitung:

Geschmeidigen Germteig bereiten und diesen eine halbe Stunde rasten lassen.

Auf der Arbeitsfläche den Teig 3 mm dick ausrollen. Mit zerlassener Butter beträufeln. Mit Mohn, Nüssen, Rosinen sowie der Zimt-Zuckermischung bestreuen.

Zu einem Strudel einrollen. 4 cm breite Scheiben abschneiden.

Die so entstandenen Schnecken in zerlassener Butter eindrehen und dicht nebeneinander in eine runde, feuerfeste Form schichten.

Zugedeckt nochmals eine halbe Stunde gehen lassen.

Im vorgeheizten Backrohr bei 190° C etwa 40 Minuten backen. In der Form auskühlen lassen.

Tipp: Am besten ofenwarm zu Tisch bringen !

STAUBZUCKER/PUDERZUCKER • EIDOTTER/EIGELB • OBERS/SAHNE • GERM/HEFE • FÜLLE/FÜLLUNG
RASTEN/AUSRUHEN • BACKROHR/BACKOFEN

Rezepte für im Backrohr gebackenen Germteig

Schwarzbeer-Topfenstrudel

(6 Portionen, 526 kcal / 2205 kJ / 5,78 BE je Portion)

Zutaten:

Teig: 250 g glattes Mehl, 20 g Germ, ca. 1/8 l Milch, 1/2 TL Salz, 1 Ei
Fülle: 500 g Magertopfen, 3 Eidotter, 3 EL Vanillepuddingpulver, 150 g Staubzucker, 4 EL Rum, eventuell etwas Obers, geriebene Schale von 1 Zitrone, 100 g Heidelbeeren

Zubereitung:

Einen zarten, nicht zu festen Germteig bereiten und eine halbe Stunde rasten lassen.
Fülle: Topfen, Eidotter, Zitronenschale, Puddingpulver, Staubzucker und Rum glatt rühren. Nötigenfalls noch etwas Obers einrühren, so dass eine streichfähige Masse entsteht.
Den Teig auf einem leicht bemehlten Strudeltuch ganz dünn ausrollen. Etwa die Hälfte des Teiges mit Fülle bestreichen. Heidelbeeren darüberstreuen. Zu einen Strudel einrollen. Auf ein entweder mit Butter bestrichenes oder mit Backtrennpapier ausgelegtes Backblech geben. Den Strudel noch eine halbe Stunde gehen lassen. Mit Ei bestreichen. Im vorgeheizten Backrohr bei 190° C ca. 45 Minuten goldgelb backen. Danach mit Staubzucker bestreuen.

Den nicht gefüllten Teigteil mit zerlassener Butter beträufeln!
Es können auch andere frische oder tiefgekühlte Früchte verwendet werden!
Damit der Strudel nicht zu flach wird (auseinander läuft), kann man ihn auch in einer gut befetteten Kastenform backen.

SCHWARZBEEREN/HEIDELBEEREN, BLAUBEEREN • TOPFEN/QUARK • GERM/HEFE • FÜLLE/FÜLLUNG
EIDOTTER/EIGELB • STAUBZUCKER/PUDERZUCKER • OBERS/SAHNE • RASTEN/AUSRUHEN • BACKROHR/BACKOFEN

hausgemacht:

Schwarzbeer-Topfenstrudel, Kürbiskernstrudel & Böhmischer Zopf

Kürbiskernstrudel

(STEIRISCHE SPEZIALITÄT)

(10 Portionen, 500 kcal / 2091 kJ / 4,64 BE je Portion)

Zutaten:

Teig: 500 g glattes Mehl, 1/2 TL Salz, 30 g Germ, 50 g Staubzucker, 60 g Butter, ca. 1/4 l Milch, 2 Eidotter, 1 TL Vanillezucker, geriebene Schale von 1 Zitrone
Fülle: 300 g geriebene Kürbiskerne, 4 EL Honig, 1/8 l Milch, 1/2 TL Zimt, 2 EL Rum, Semmelbrösel nach Bedarf

Zubereitung:

Germteig bereiten und eine halbe Stunde rasten lassen.

Fülle: Alle Zutaten in die heiße Milch einrühren, so dass eine feste, streichfähige Masse entsteht.

Den Teig rechteckig auf einem leicht bemehlten Strudeltuch ausrollen. Mit Fülle bestreichen. Einrollen und auf ein befettetes Blech geben.

Zugedeckt ca. 20 Minuten gehen lassen.

Mit versprudeltem Eidotter bestreichen und mit gehackten Kürbiskernen bestreuen.

Im vorgeheizten Backrohr bei 190° C ca. 40 Minuten backen.

GERM/HEFE · STAUBZUCKER/PUDERZUCKER · EIDOTTER/EIGELB · FÜLLE/FÜLLUNG · SEMMELBRÖSEL/PANIERMEHL
RASTEN/AUSRUHEN · VERSPRUDELT/VERQUIRLT · BACKROHR/BACKOFEN

hausgemacht:

Kürbiskernstriezerl

(20 Stück, 185 kcal / 773 kJ / 2,09 BE je Striezerl)

Zutaten:

Teig: 500 g glattes Mehl, 30 g Germ, 50 g Zucker, 1/4 l Obers, 1/8 l Milch, 1 EL Vanillezucker, 1/2 TL Salz

1 Eiklar und 2 EL Feinkristallzucker zum Bestreichen

100 g karamelisierte Kürbiskerne zum Bestreuen

Zubereitung:

Germteig bereiten und eine halbe Stunde an einem warmen Ort rasten lassen.

Den Teig in ca. 20 Teile (je nach Flechtart – siehe Kapitel 5) teilen und kleine Striezerl daraus flechten.

Auf das vorbereitete Backblech geben, nochmals 15 Minuten aufgehen lassen.

Eiklar mit Zucker versprudeln.

Striezerln damit bestreichen und mit Kürbiskernen (auch gehackten) bestreuen.

Bei 190° C im vorgeheizten Backrohr ca. 20 Minuten backen.

STRIEZERL/ZOPF • GERM/HEFE • OBERS/SAHNE • EIKLAR/EIWEISS • RASTEN/AUSRUHEN
VERSPRUDELN/VERQUIRLEN • BACKROHR/BACKOFEN

Rezepte für im Backrohr gebackenen Germteig

Blechkuchen: Mohn-Topfen-Früchteschnitte, Bienenstich & Zwetschken-Streuselkuchen

Bienenstich

(8 Portionen, 656 kcal / 2747 kJ / 5,98 BE je Portion)

Zutaten:

Teig: 300 g glattes Mehl, 1/2 TL Salz, 20 g Germ, 40 g Zucker, 40 g Butter, ca. 1/8 l Milch, geriebene Schale von 1/2 Zitrone

Belag: 1/8 l Obers, 100 g Honig, 100 g Butter, 200 g Zucker, 300 g Mandelblättchen

Fülle: 1/2 l Milch, 60 g Vanillepuddingpulver, 50 g Zucker, 1 TL Vanillezucker

Zubereitung:

Feinen Germteig bereiten und diesen eine halbe Stunde rasten lassen.

Belag: Obers, Honig, Butter und Zucker langsam einmal aufkochen lassen. Die Mandelblättchen einrühren – überkühlen lassen.

Germteig zu einem Ziegel ca. 32 x 10 cm formen. Auf ein befettetes Blech legen und mit einer Gabel mehrmals einstechen. Nochmals 15 Minuten gehen lassen. Im vorgeheizten Backrohr bei 200° C ca. 15 Minuten vorbacken. Belag auf den Teig streichen und weitere 20 Minuten backen. Für die Creme einen Vanillepudding kochen. Gebackenen, ausgekühlten Teig horizontal durchschneiden. Mit Puddingcreme bestreichen – gut durchkühlen lassen. Den oberen Teil in etwa acht Teile schneiden und auf die Puddingcreme geben.

 Bienenstich kann auch ohne Vanillecreme zubereitet werden – in diesem Fall wird der Germteig etwas dünner ausgerollt.

GERM/HEFE · OBERS/SAHNE · FÜLLE/FÜLLUNG · RASTEN/AUSRUHEN · BACKROHR/BACKOFEN

Rezepte für im Backrohr gebackenen Germteig

Erdbeer-Rhabarber-Kuchen

(10 Portionen, 507 kcal / 2121 kJ / 6,71 BE je Portion)

Zutaten:

Teig: 500 g Mehl, 40 g Germ, 70 g Zucker, ca. 1/4 l lauwarme Milch, 70 g Butter, 1/2 TL Salz, geriebene Schale von 1/2 Zitrone

Belag: 100 g Rhabarber, 500 g Erdbeeren, 200 g Zucker, 2 Becher (1/2 l oder 500 g) Sauerrahm, 100 g Zucker, 1 EL Vanillezucker, 50 g grob gehackte Mandeln

Zubereitung:

Germteig bereiten und eine halbe Stunde rasten lassen.

Den Rhabarber putzen, in Stücke schneiden und unter Rühren mit 200 g Zucker ca. 5 Minuten aufkochen. Auf einem Sieb gut abtropfen und auskühlen lassen. Erdbeeren waschen, putzen und halbieren.

Germteig auf einem befetteten Blech ausrollen. Früchte darauf verteilen.

Für den Guss wird der Sauerrahm mit Zucker und Vanillezucker verquirlt. Auf dem Obst verteilen und mit Mandeln bestreuen.

Im vorgeheizten Backrohr bei 200° C ca. 30 Minuten backen.

Tipp: Damit der Überguss schneller stockt, können auch zwei Eier zur Masse gegeben werden!

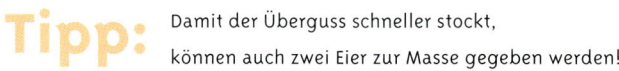

GERM/HEFE · SAUERRAHM/SAURE SAHNE · RASTEN/AUSRUHEN · BACKROHR/BACKOFEN

hausgemacht:

Apfel-Streuselkuchen

(10 Portionen, 387 kcal / 1623 kJ / 4,36 BE je Portion)

Zutaten:

Teig: 350 g glattes Mehl, 70 g Butter, 50 g Staubzucker, 20 g Germ, 1 Ei, ca. 1/4 l Milch, 1/2 TL Salz, geriebene Schale von 1/2 Zitrone
Belag: 750 g Äpfel, 1/4 l Wasser, 20 g Zucker, Saft von 1/2 Zitrone
Streusel: 100 g Mehl, 70 g Butter, 50 g Zucker, 30 g Mandeln, 1 Msp. Zimt

Zubereitung:

Germteig bereiten und diesen eine halbe Stunde rasten lassen.

Auf einem befetteten Blech ausrollen.

Belag: Die geschälten, in Spalten geschnittenen Äpfel in Zitronen-Zuckerwasser kurz dünsten, dann gut abtropfen und überkühlen lassen.

Äpfel auf dem Teig verteilen.

Streusel: Die Butter zergehen lassen und mit den übrigen Zutaten verbröseln.

Streusel über die Äpfel streuen.

Den fertig vorbereiteten Kuchen ca. 20 Minuten gehen lassen.
Bei 190° C ca. 30 Minuten backen.

 Äpfel nicht zu weich dünsten!
Zitronensaft beigeben – verhindert, dass die Äpfel braun werden!

STAUBZUCKER/PUDERZUCKER · GERM/HEFE · RASTEN/AUSRUHEN

Rezepte für im Backrohr gebackenen Germteig

Mohn-Streuselkuchen

(10 Portionen, 363 kcal / 1522 kJ / 3,54 BE je Portion)

Zutaten:

Teig: 350 g glattes Mehl, 1/2 TL Salz, 40 g Butter, 20 g Zucker, 1 Ei, 1/4 l lauwarme Milch, 20 g Germ, geriebene Schale von 1/2 Zitrone
100 g Marmelade zum Bestreichen
Streusel: 60 g Butter, 60 g Zucker, 60 g geriebenen Mohn, 60 g geriebene, evtl. geröstete Haselnüsse, 1 Msp. Zimt

Zubereitung:

Germteig bereiten und diesen eine halbe Stunde rasten lassen.

Streusel: Alle Zutaten werden gut miteinander verbröselt (Butter vorher zergehen lassen).

Der gegangene Teig wird auf einem befetteten Blech ausgerollt.

Mit Marmelade bestreichen. Mit Streusel bestreuen.

Das Ganze nochmals 20 Minuten gehen lassen.

Im vorgeheizten Backrohr bei 190° C ca. 30 Minuten backen.

 Geriebener Mohn wird leicht ranzig, weil sich seine ätherischen Öle an der Luft zersetzen. Daher soll Mohn nie auf Vorrat gerieben werden! (Oder man bewahrt ihn für kurze Zeit im Kühlschrank auf).

GERM/HEFE • RASTEN/AUSRUHEN • BACKROHR/BACKOFEN

Gebäck aus Vollkornmehl

Immer mehr Menschen suchen heute eine Alternative zur üblichen Kost. Wie schon eingangs erwähnt, hat die Zubereitung von Gebäck mit Vollmehl viele Vorteile:

Sie ist ballaststoffreich, vitaminreich und mineral- und vitalstoffreich!

Fast alle Inhaltsstoffe bleiben bei dieser Art der Vermahlung erhalten. Der Einsatz ist jedoch nur dann wirklich sinnvoll, wenn das Mehl stets frisch gemahlen wird.

Hier werden nur einige vollwertige Rezepte angeführt; es kann jedoch auch bei jedem anderen Rezept ein Teil des Mehls oder die gesamte Mehlmenge durch Vollmehl ersetzt werden. Fein gemahlenes Vollkornmehl eignet sich zum Kuchenbacken. Der Kuchen ist von der Konsistenz dann aber etwas fester. Ratsam ist es, mehr Flüssigkeit bei der Zubereitung des Teiges zu verwenden.

Die Backergebnisse verändern sich nur unwesentlich, außer dass das Gebäck eine dunklere Farbe aufweist.

Joghurtkipferl

(8 Kipferl, 394 kcal / 1648 kJ / 5,06 BE je Stück)

Zutaten:

Teig: 600 g Dinkelmehl, 1 EL Honig, 40 g Germ, 2 Becher (500 g) Joghurt, 1 TL Salz, 1 Ei, 4 EL Öl, 1/8 l Wasser

Zubereitung:

Aus den angegebenen Zutaten einen weichen Germteig bereiten.

An einem warmen Ort eine Stunde rasten lassen.

Den Teig halbieren und auf einer bemehlten Arbeitsfläche zu einer runde Platte (ca. 3 mm dick) ausrollen.

Wie eine Torte in acht Teile schneiden.

Kipferl daraus formen.

Die Spitzen gut andrücken.

Auf einem befetteten Backblech noch 10 Minuten gehen lassen.

Bei 200° C etwa 30 Minuten backen.

Tipp: Mit Ei-Wassergemisch bepinseln und mit Kürbiskernen, Mandelblättchen oder geriebenen Nüssen bestreuen.

KIPFERL/HÖRNCHEN • GERM/HEFE • RASTEN/AUSRUHEN • SPITZ/ECKE

hausgemacht:

Nusszopf

(10 Portionen, 785 kcal / 3289 kJ / 7,62 BE je Portion)

Zutaten:

Teig: 700 g Dinkelmehl, 1/2 TL Salz, 50 g Germ, gut 1/2 l Milch, 70 g Butter, 3 Eier, 120 g Honig, Saft und geriebene Schale von 1 Zitrone

Fülle: 3 Eiweiß, 250 g Honig, 300 g geriebene (evtl. geröstete) Haselnüsse, 3 EL Kakao, 3 EL Rum, 1/16 l Milch

1 Eidotter und 1 TL Milch zum Bestreichen

Zubereitung:

Mittelfesten Germteig bereiten, 45 Minuten rasten lassen.

Fülle: Das Eiklar zu Schnee schlagen. Honig langsam einschlagen. Geriebene Haselnüsse, Kakao und Rum unterheben. Mit etwas Milch zu einer streichfähigen Masse rühren.

Den Teig in zwei Hälften teilen und jede rechteckig ausrollen. Mit der Fülle bestreichen und von der Längsseite her einrollen. Die zwei Teigrollen locker umeinander schlingen. Die Teigenden ineinanderstecken und mit Eiklar fixieren. Auf dem vorbereiteten Blech 15 Minuten gehen lassen. Mit verdünntem Eidotter bestreichen. Bei 190° C ca. 60 Minuten backen.

Tipp: Der Zopf kann mit Mohn oder Sesam bestreut werden!

GERM/HEFE · FÜLLE/FÜLLUNG · EIKLAR/EIWEISS · EIDOTTER/EIGELB · RASTEN/AUSRUHEN

Rezepte für im Backrohr gebackenen Germteig · Vollkornmehl

Rahmbuchteln

(10 Portionen, 492 kcal / 2061 kJ / 4,81 BE je Portion)

Zutaten:

Teig: 500 g Dinkelmehl, 80 g Rohrzucker, 80 g Butter, 30 g Germ, ca. 1/4 l Milch, 2 Eidotter, 2 ganze Eier, 1/2 TL Salz, 1 EL Vanillezucker, 30 g Rosinen, 3 EL Rum
Fülle: 200 g Crème fraîche, 1 EL Vanillepuddingpulver, 2 EL Staubzucker, 2 EL Obers, 1 EL Sauerrahm, geriebene Schale von 1 Zitrone, 1 EL Vanillezucker
100 g Butter zum Wälzen

Zubereitung:

Mittelfesten Germteig bereiten und eine halbe Stunde rasten lassen. Rosinen in Rum tränken.

Fülle: Alle Zutaten miteinander verrühren. Rosinen unterheben.

Auflaufform befetten. Teig messerrückendick ausrollen. In 10 x 10 cm große Quadrate schneiden. Je 1 EL Fülle in die Mitte geben. Buchteln daraus formen. In zerlassener Butter eindrehen und die Buchteln dicht nebeneinander in die Form geben. Restliche Butter darüber träufeln.

Nochmals 15 Minuten gehen lassen. Bei 180° C ca. 45 Minuten backen.

Tipp: Buchteln nach dem Backen kurz in der Form überkühlen lassen!

BUCHTELN/ROHRNUDELN • GERM/HEFE • EIDOTTER/EIGELB • FÜLLE/FÜLLUNG • STAUBZUCKER/PUDERZUCKER
OBERS/SAHNE • SAUERRAHM/SAURE SAHNE • RASTEN/AUSRUHEN

hausgemacht:

Rohrnudeln

(20 Portionen, 169 kcal / 709 kJ / 1,8 BE je Portion)

Zutaten:

Teig: 500 g fein gemahlenes Dinkelmehl, 30 g Germ, 2 EL Honig, 1/4 l Milch, 1/2 TL Salz, 60 g Butter, 2 Eidotter, geriebene Schale von 1 Zitrone

60 g Butter und 2 EL Ahornsirup für die Form

6 EL lauwarme Milch zum Bestreichen

Zubereitung:

Mittelfesten Germteig bereiten und 45 Minuten rasten lassen.

Eine große Auflaufform mit flüssiger Butter mehrmals ausstreichen. Ahornsirup auf den Formboden träufeln. Aus dem Teig eine Rolle formen und davon 20 Portionen abschneiden. Jede Portion zu einer glatten Kugel rollen. Dicht nebeneinander in die Form setzen.

20 Minuten zugedeckt gehen lassen.

Mit Milch bestreichen. Im vorgeheizten Backrohr bei 190° C ca. 40 Minuten backen.

In der Form noch 10 Minuten auskühlen lassen.

Auf eine Platte stürzen und mit Zucker bestreuen.

Tipp: In jede Rohrnudel eine frische Zwetschke oder Marille eindrehen – macht das Gebäck saftig!

GERM/HEFE • EIDOTTER/EIGELB • RASTEN/AUSRUHEN • BACKROHR/BACKOFEN • ZWETSCHKE/PFLAUME
MARILLE/APRIKOSE

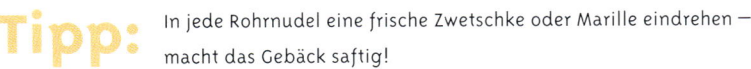

Rezepte für im Backrohr gebackenen Germteig • Vollkornmehl

Blechkuchen mit frischem Obstbelag

(8 Portionen, 393 kcal / 1646 kJ / 4,13 BE je Portion)

Zutaten:

Teig: siehe Rohrnudeln – 1/2 Menge
Belag: 1 kg Äpfel (oder Zwetschken, Heidelbeeren u.a.), 2 EL Ahornsirup, 1 Msp. Zimt
Sauerrahmguss: 1/2 l Sauerrahm, 3 Eier, 2 EL Ahornsirup, 1 TL Vanillepuddingpulver, Saft von 1/2 Zitrone

Zubereitung:

Germteig bereiten und 1/2 Stunde rasten lassen.

Auf vorbereitetem Blech ausrollen (Rand etwas hochdrücken).
Obst darauf verteilen (Äpfel in Spalten schneiden). Mit Ahornsirup und Zimt benetzen.

Für den Überguss werden alle Zutaten gut verrührt. Vorsichtig über den Obstbelag gießen.

Den Kuchen im vorgeheizten Backrohr bei 190° C ca. 40 Minuten backen.

Tipp: Die Äpfel können vorher kurz gedünstet werden!

hausgemacht:

Topfengermteig

(10 Portionen, 324 kcal / 1355 kJ / 3,76 BE je Portion)

Zutaten:

Teig: 500 g Dinkelmehl, 1/4 l Milch, 1/16 l Obers, 30 g Germ, 1 TL Salz, 70 g Zucker, 2 Eidotter, 60 g Butter, 100 g Topfen

Zubereitung:

Bei der Teigzubereitung zuerst den Topfen mit Milch breiig rühren und mit den anderen flüssigen Zutaten vermengen.

Dann die Masse unter die festen Zutaten geben.

Nach dem Abschlagen des Teiges diesen eine halbe Stunde rasten lassen.

Den Teig kann man unterschiedlich verarbeiten: entweder füllen oder Striezel, einen Gugelhupf oder andere Gebäckformen daraus herstellen.

Nochmals kurz rasten lassen.

Bei 190° C ins vorgeheizte Backrohr geben und je nach Gebäckform goldgelb backen.

Tipp: Germteig mit Topfen und Schlagrahm wird besonders bekömmlich und schmackhaft!

TOPFEN/QUARK · GERM/HEFE · OBERS/SAHNE · EIDOTTER/EIGELB · RASTEN/AUSRUHEN · STRIEZEL/ZOPF
BACKROHR/BACKOFEN · SCHLAGRAHM/SCHLAGSAHNE, SÜSSE SAHNE

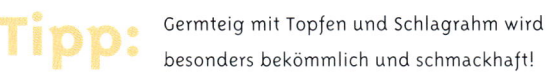

Rezepte für im Backrohr gebackenen Germteig · Vollkornmehl

Zwetschkenkuchen

(8 Portionen, 664 kcal / 2781 kJ / 5,99 BE je Portion)

Zutaten:

Teig: 350 g Dinkelmehl, 40 g Germ, 1/2 TL Vanillezucker, 70 g Rohrzucker, 2 Eidotter, 1/4 l Milch, 1/8 l Obers, 70 g Butter, geriebene Schale von 1/2 Zitrone

Belag: 150 g Zwetschken, 4 Eiklar, 150 g Rohrzucker, 2 TL Zitronensaft, 250 g geriebene (eventuell geröstete) Haselnüsse, 2 EL Vollkornbrösel

Zubereitung:

Einen weiche Germteig bereiten und diesen eine halbe Stunde rasten lassen.

Nochmals gut durchkneten und auf einem mit Backtrennpapier ausgelegten Blech ausrollen. Nochmals 10 Minuten rasten lassen.

Zwetschken waschen, gut abtropfen lassen, halbieren und entkernen. Eiklar steif schlagen und nach und nach (löffelweise) den Zucker unterrühren, bis der Eischnee schnittfest ist. Zitronensaft und Nuss-Vollkornbröselgemisch vorsichtig unterheben. Diese Masse auf den Teig streichen.

Zwetschken dachziegelartig (mit der Innenseite nach oben) auf die Nussmasse legen.

Im vorgeheizten Backrohr bei 190° C ca. 40 Minuten backen.

 Bei Vollwertrezepten einige Prozent Butter mehr verwenden, dies macht den Teig lockerer.

ZWETSCHKE/PFLAUME • GERM/HEFE • EIDOTTER/EIGELB • OBERS/SAHNE • EIKLAR/EIWEISS
BRÖSEL/PANIERMEHL • RASTEN/AUSRUHEN • BACKROHR/BACKOFEN

hausgemacht:

Sonnenblumenweckerl

(15 Stück, 183 kcal / 768 kJ / 2,18 BE je Weckerl)

Zutaten:

Teig: 500 g Dinkelmehl, 1 TL Honig, 100 g Sauerrahm, 40 g Germ, 1/2 TL Salz, 70 g geschrotete, geröstete Sonnenblumenkerne

2 EL lauwarmes Wassser und 1 Eiklar zum Bestreichen

50 g Sonnenblumenkerne zum Bestreuen

Zubereitung:

Einen mittelfesten Germteig bereiten und diesen 20 Minuten gehen lassen.

In etwas Butter geröstete, ausgekühlte Sonnenblumenkerne unterkneten. Weitere 15 Minuten gehen lassen.

In 15 Stücke teilen und zu beliebigen Weckerln formen. Nochmals 15 Minuten zugedeckt gehen lassen.

Eiklar und Wasser versprudeln. Weckerl damit bestreichen und mit Sonnenblumenkernen bestreuen.

Bei 190° C ca. 20 Minuten backen.

 Es können auch Kürbiskerne, Sesam oder Mohn verwendet werden. Weckerl werden besonders locker, wenn man ins Backrohr ein hitzebeständiges Gefäß mit Wasser stellt und in den ersten 5 Minuten die Backrohrtür leicht geöffnet lässt (Kochlöffel dazwischen klemmen)!

WECKERL/SÜDDT. SEMMEL, WESTDT. BRÖTCHEN, NORDDT. SCHRIPPE · SAUERRAHM/SAURE SAHNE · GERM/HEFE
EIKLAR/EIWEISS · VERSPRUDELN/VERQUIRLEN · BACKROHR/BACKOFEN

Rezepte für im Backrohr gebackenen Germteig · Vollkornmehl

Verschiedene Arten von **Gugelhupf:**
Gerührter Gugelhupf, Reinling,
Burgenländischer Gugelhupf & Patzerlgugelhupf
(von vorne nach hinten)

Burgenländischer Gugelhupf

(12 Portionen, 352 kcal / 1472 kJ / 4,92 BE je Portion)

Zutaten:

Teig: 700 g glattes Mehl (auch feingemahlenes, gesiebtes Dinkelmehl), 1/4 l Milch, 40 g Germ, großes Stamperl Rum (darin ca. 14 Kandisin [Süßstoff] auflösen), 100 g Zucker, 1/2 TL Salz, 2 große EL Schmalz, 1 Ei, 1 Eidotter, geriebene Schale von 1/2 Zitrone, 1 EL Vanillezucker, eventuell Rosinen und 2 EL Kakao

Zubereitung:

Einen nicht zu festen Germteig bereiten (evtl. Rosinen einrühren). Teigmenge kann halbiert werden; in einen Teil Kakao unterkneten. Beide Teile eine halbe Stunde rasten lassen.

Große Gugelhupfform gut befetten und bemehlen. Teig in die Form füllen (zuerst hellen, dann dunklen Germteig – oder umgekehrt). In der Gugelhupfform ca. 20 Minuten gehen lassen.

Bei 180° C ca. 45 Minuten backen.

Den überkühlten Gugelhupf mit Staub- und Vanillezucker bestreuen.

 Rum leicht erwärmen, dann löst sich das Kandisin besser auf!
Es können auch Rosinen unter den Teig gemischt werden!

GERM/HEFE · STAMPERL/SCHNAPSGLAS OHNE FUSS · EIDOTTER/EIGELB · RASTEN/AUSRUHEN

Rezepte für im Backrohr gebackenen Germteig · Vollkornmehl

Birnenkuchen

(6 Portionen, 364 kcal / 1524 kJ / 3,56 BE je Portion)

Zutaten:

Teig: 200 g fein gemahlenes, gesiebtes Weizenvollmehl – oder Dinkelmehl, 1/2 TL Salz, 20 g Germ, 1/8 l Magermilch, 50 g Butter, 2 TL Süßstoff, 1 TL Fruchtzucker, 1 Ei

Belag: 500 g Birnen, 2 TL Zitronensaft, 1 Becher (250 g) Sauerrahm, 30 g Mandelblättchen

Zubereitung:

Germteig bereiten und eine halbe Stunde rasten lassen.

Birnen schälen, vierteln, entkernen und in Scheiben schneiden. Mit Zitronensaft beträufeln.

Den Germteig auf dem vorbereiteten Blech ausrollen, die Ränder etwas hochdrücken. Sauerrahm auf den Teig streichen. Birnen dachziegelartig auflegen. Mit Mandeln bestreuen.

Das Ganze nochmals 15 Minuten gehen lassen.

Im vorgeheizten Backrohr bei 190° C ca. 30 Minuten backen.

 Diese Masse reicht etwa für ein halbes Blech: mit Alufolie eine Schiene formen und auf der offenen Seite an den Teigrand geben. Zitronensaft verhindert das Braunwerden der Birnen.

GERM/HEFE • SAUERRAHM/SAURE SAHNE • RASTEN/AUSRUHEN • BACKROHR/BACKOFEN

hausgemacht:

Diät-Topfenschnitten

(8 Portionen, 251 kcal / 1052 kJ / 2,68 BE je Portion)

Zutaten:
Teig: 250 g glattes Dinkelmehl, 1/2 TL Salz, 20 g Germ, 1 EL lauwarmes Wasser, 1/8 l Magermilch, 1 TL Süßstoff, geriebene Schale von 1/2 Zitrone
Belag: 500 g Magertopfen, 2 Eidotter, 1 EL Süßstoff, 1/2 TL Rumaroma, 2 Eiklar, 2 EL Vanillepuddingpulver, 40 g Mandelstifte

Zubereitung:

Germteig bereiten und diesen eine halbe Stunde rasten lassen.

Fülle: Topfen, Eidotter, Süßstoff und Rumaroma schaumig rühren. Eiklar zu steifem Schnee schlagen und unterheben.

Den Teig auf dem vorbereiteten Blech dünn ausrollen.

Topfenmasse darauf verteilen.

Mit Mandelstiften bestreuen.

Nochmals 15 Minuten gehen lassen.

Im vorgeheizten Backrohr bei 200° C ca. 30 Minuten backen.

 Topfenmasse früher zubereiten, damit das Puddingpulver die Masse besser binden kann.

TOPFEN/QUARK • GERM/HEFE • EIDOTTER/EIGELB • EIKLAR/EIWEISS • RASTEN/AUSRUHEN • FÜLLE/FÜLLUNG
BACKROHR/BACKOFEN

Rezepte für im Backrohr gebackenen Germteig • Vollkornmehl

8: Rezepte für im Fett herausgebackenen Germteig

Krapfen

(12 Krapfen, 236 kcal / 988 kJ / 2,85 BE je Stück)

Zutaten:

Teig: 500 g glattes Mehl (glattes Dinkelmehl), 3 Eier, 40 g Germ, 1/2 TL Salz, 40 g Staubzucker, 50 g Butter, 6 EL Rum, ca. 1/4 l Milch, geriebene Schale von 1/2 Zitrone

Zubereitung:

Aus den angegebenen Zutaten einen mittelfesten Germteig bereiten und diesen eine halbe Stunde rasten lassen.

Weitere Verarbeitung siehe Zubereitung und Tipps „Faschingskrapfen" (Brauchtumsgebäck).

KRAPFEN/BERLINER BALLEN (IN BERLIN: PFANNKUCHEN) • GERM/HEFE • STAUBZUCKER/PUDERZUCKER
RASTEN/AUSRUHEN • FASCHING/KARNEVAL

hausgemacht:

Bauernkrapfen

(15 Krapfen, 186 kcal /780 kJ / 2,12 BE je Stück)

Zutaten:

Teig: 350 g Mehl, 1/2 TL Salz, 30 g Germ, 70 g Butter, 35 g Staubzucker, 5 EL Milch, 3 EL Rum, 1 EL Vanillezucker, 3 Eidotter, 1 Ei, Zitronenschale
Fülle: Marmelade
Öl zum Ausbacken

Zubereitung:

Germteig bereiten und eine halbe Stunde rasten lassen.

Teig ausrollen und runde Formen ausstechen. 15 Minuten rasten lassen.

Nun die Kreise von der Mitte her auseinanderziehen, so dass der innere Teigteil nur noch sehr dünn ist.

Nochmals 10 Minuten zugedeckt rasten lassen.

Backen – siehe Faschingskrapfen.

Nach dem Bezuckern die Mitte mit Marmelade füllen.

KRAPFEN/BERLINER BALLEN (IN BERLIN: PFANNKUCHEN) • GERM/HEFE • STAUBZUCKER/PUDERZUCKER
EIDOTTER/EIGELB • FÜLLE/FÜLLUNG • RASTEN/AUSRUHEN • FASCHING/KARNEVAL

Rezepte für im Fett herausgebackenen Germteig

Strauben, Bauernkrapfen, Krapfen & Gebackene Mäuse
(von vorne nach hinten)

Strauben

(12 Stück, 247 kcal / 1032 kJ / 2,97 BE je Stück)

Zutaten:

Teig: 500 g griffiges Mehl, 1/2 TL Salz, 30 g Germ, 4 Eidotter, 50 g Butter, 50 g Staubzucker, 2 EL Rum, 1/4 l Milch, geriebene Schale von 1 Zitrone
Fett zum Herausbacken (Öl, Frivissa, Schweineschmalz oder Kokosfett)

Zubereitung:

Germteig bereiten und diesen eine halbe Stunde rasten lassen.

Den Teig ca. 1 cm dick ausrollen. Vierecke (5 x 6 cm) ausradeln (mit Teigrad – Teig verzieht sich nicht – schöner Rand). Zweimal längs durchradeln, so dass 3 Streifen entstehen, jedoch nicht bis zum äußersten Rand radeln.

Auf bemehlter Fläche zugedeckt 15 Minuten gehen lassen.

In heißem Fett schwimmend herausbacken (Oberseite mit zugedeckter Pfanne, bei der Unterseite in offener Pfanne fertig backen).

Gut abtropfen lassen (auf Küchenrolle).

Mit Staubzucker bestreuen.

Tipps: Richtige Temperatur vom Fett ist sehr wichtig!
Mit der Oberseite zuerst ins Fett geben – siehe Krapfen.

GERM/HEFE • EIDOTTER/EIGELB • STAUBZUCKER/PUDERZUCKER • RASTEN/AUSRUHEN

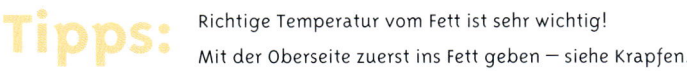

Rezepte für im Fett herausgebackenen Germteig

Gebackene Mäuse

(20 gebackene Mäuse, 106 kcal / 444 kJ / 1,16 BE je Stück)

Zutaten:

Teig: 300 g griffiges Mehl, 30 g Germ, 30 g Staubzucker, 40 g Butter, 1/2 TL Salz, ca. 1/4 l Milch, 3 Eier, 1 EL Vanillezucker, 2 EL Rum, geriebene Schale von 1 Zitrone

Fett zum Herausbacken (Öl, Frivissa, Schmalz oder Kokosfett)

Zubereitung:

Germteig bereiten und zu doppeltem Volumen aufgehen lassen.

Mit einem Esslöffel Nocken ausstechen und diese auf ein bemehltes Tuch geben.

Weitere 15 Minuten aufgehen lassen.

In einer tiefen Pfanne in reichlich heißem Fett schwimmend herausbacken (eine Seite mit zugedeckter Pfanne, nach dem Wenden offen fertig backen).

Aus dem Fett herausnehmen. Gut abtropfen lassen.

Mit Staubzucker bestreuen.

Backdauer ca. 5 Minuten.

Tipp: Gebackene Mäuse schmecken mit Apfelmus, Vanillesauce oder zum Kaffee besonders gut!

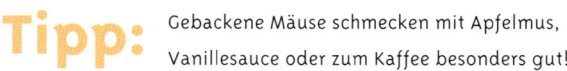

GERM/HEFE • STAUBZUCKER/PUDERZUCKER • NOCKE/KLÖSSCHEN

hausgemacht:

Zottelkrapfen

(12 Krapfen, 258 kcal / 1080 kJ / 2,96 BE je Stück)

Zutaten:

Teig: 500 g griffiges Mehl, 1/2 TL Salz, 30 g Kristallzucker, 30 g Germ, 80 g Butter, 2 Eier, 1 Eidotter, 1/8 l Milch, 40 g Rosinen, 4 EL Rum
3 Eier und 1 EL Staubzucker zum Durchziehen

Zubereitung:

Die Rosinen für ca. 1 Stunde in Rum einlegen. Aus den übrigen Zutaten einen mittelfesten Germteig bereiten und 20 Minuten gehen lassen.

Die Rosinen unterschlagen und weitere 15 Minuten gehen lassen.

Den Teig zu einer Rolle formen. Diese in 1 cm breite Scheiben schneiden und Krapfen daraus formen. Zugedeckt nochmals 20 Minuten warm stellen.

Öl in geräumiger Pfanne erhitzen und die Krapfen auf beiden Seiten 3 Minuten backen. Herausnehmen und gut abtropfen lassen.

Eier und Staubzucker versprudeln, Krapfen durchziehen und im heißen Fett fertig backen. Noch heiß mit Staubzucker bestreuen.

Besonders köstlich schmeckt diese Speise mit einer Fruchtsauce (z.B. Rum-Kirschsauce).
Eine sehr energiereiche Köstlichkeit für besondere Anlässe!

KRAPFEN/BERLINER BALLEN (IN BERLIN: PFANNKUCHEN) · GERM/HEFE · EIDOTTER/EIGELB
STAUBZUCKER/PUDERZUCKER · VERSPRUDELN/VERQUIRLEN

Rezepte für im Fett herausgebackenen Germteig

Vanillekrapferl

(20 Krapferl, 208 kcal / 871 kJ / 2,37 BE je Stück)

Zutaten:

Teig: 500 g glattes Mehl, 1/2 TL Salz, 70 g Staubzucker, 100 g Butter, 40 g Germ, 1/8 u. 1/16 l Milch, 1 EL Vanillezucker, 2 EL Rum, 4 Eidotter, geriebene Schale von 1 Zitrone

Creme: 1/4 l Milch, 3 EL Vanillepuddingpulver, 3 EL Kristallzucker, 2 Eidotter, 2 EL Rum, 1 EL Vanillezucker

Zubereitung:

Mittelfesten Germteig bereiten und diesen an einem warmen Ort eine halbe Stunde rasten lassen. Den Teig in 20 gleich große Stücke teilen und diese zu Kugeln formen. Auf ein bemehltes Tuch geben, flach drücken und zugedeckt nochmals 15 Minuten gehen lassen. In die Mitte jeder Kugel jeweils eine Vertiefung drücken.

Die Krapfen in heißem Fett (170° C) auf beiden Seiten goldbraun herausbacken. Herausnehmen und gut abtropfen lassen.

Creme: Aus den angegebenen Zutaten (außer Eidotter) einen Pudding kochen. Die Eidotter in die noch heiße Puddingcreme einrühren.

Krapfen mit Staubzucker bestreuen. Mit Vanillecreme füllen und sofort servieren.

Tipp: Die Krapfenoberseite zuerst ins heiße Fett geben, zugedeckt etwa 5 Minuten backen. Umdrehen und ohne Deckel fertig backen.

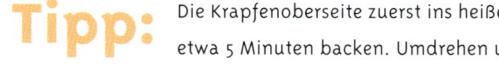

KRAPFEN/BERLINER BALLEN (IN BERLIN: PFANNKUCHEN) · STAUBZUCKER/PUDERZUCKER · GERM/HEFE
EIDOTTER/EIGELB · RASTEN/AUSRUHEN

hausgemacht:

Dalken-Liwanzen

(10 Portionen, 206 kcal / 863 kJ / 2,93 BE je Portion)

Zutaten:

Teig: 300 g glattes Mehl, 1/2 TL Salz, 20 g Germ, ca. 3/8 l Milch, 50 g Staubzucker, 3 Eidotter, 3 Eiklar

Marmelade oder Powidl zum Zusammensetzen

Zubereitung:

Aus den Zutaten einen sehr weichen (fast flüssigen) Germteig bereiten.

Aus dem Eiklar Schnee schlagen und unter den Teig heben.

Ca. eine halbe Stunde rasten lassen.

In einer Dalkenpfanne (Pfanne mit runden Vertiefungen) etwas Öl erhitzen.

Je 1 EL Teig hineingeben und beidseitig hellbraun backen.

Mit Marmelade oder Powidl zusammensetzen und überzuckern.

 Eine andere Möglichkeit ist, jedes einzelne Stück nur mit Marmelade zu bestreichen oder das Ganze mit einem Zucker-Zimtgemisch zu bestreuen. Dalken können auch in einer herkömmlichen Pfanne zubereitet werden (evtl. Krapfenausstecher hineinsetzen – für eine schönere Form der Dalken).

GERM/HEFE · STAUBZUCKER/PUDERZUCKER · EIDOTTER/EIGELB · EIKLAR/EIWEISS · POWIDL/PFLAUMENMUS
RASTEN/AUSRUHEN · KRAPFEN/BERLINER BALLEN (IN BERLIN: PFANNKUCHEN)

Rezepte für im Fett herausgebackenen Germteig

Germ-Omelettes

(6 Omelettes, 250 kcal / 1049 kJ / 3,56 BE je Stück)

Zutaten:

Teig: 250 g glattes Mehl, 1/2 TL Salz, 2 Eier, 20 g Germ, 30 g Zucker, ca. 1/4 l Milch (es muss ein dickflüssiger Teig entstehen)

Zubereitung:

Alle Zutaten zu einem dickflüssigen Teig verrühren.

Diesen eine halbe Stunde rasten lassen.

In einer Omelettepfanne Öl erhitzen.

Einen Schöpfer Teig in der Pfanne verrinnen lassen und beidseitig goldbraun backen.

Diese Omelettes werden mit Marmelade bestrichen und mit Zucker-Zimtgemisch bestreut.

Tipp: Diese Speise schmeckt auch sehr gut, wenn in die Mitte des Omelettes etwas Apfelmus gegeben wird.

GERM/HEFE • RASTEN/AUSRUHEN • SCHÖPFER/KELLE • VERRINNEN/VERLAUFEN

hausgemacht:

Trichterstrauben

(10 Portionen, 310 kcal / 1297 kJ / 3,73 BE je Portion)

Zutaten:

Teig: 500 g glattes Mehl, 80 g Butter, 20 g Germ, 60 g Staubzucker, 1 Ei, gut 1/2 l Milch, 1/2 TL Salz

Backfett

Zubereitung:

Einen sehr weichen Teig bereiten und diesen eine halbe Stunde an einem warmen Ort rasten lassen.

Öl, Kokosfett oder Schweineschmalz in einer Pfanne erhitzen.

Den Germteig durch einen Trichter in das heiße Fett laufen lassen.

Man fängt in der Mitte an, gießt ohne Unterbrechung in der Runde weiter, bis die Oberfläche der Pfanne voll ist.

Die Strauben werden beidseitig goldbraun gebacken.

Abtropfen lassen und bezuckern.

9: Rezepte für im Wasser bzw. Dampf gegarten Germteig

Dampfnudeln

(12 Dampfnudeln, 276 kcal / 1155 kJ / 2,62 BE je Stück)

Zutaten:

Teig: 400 g glattes Mehl, 1/2 TL Salz, 20 g Germ, 50 g Staubzucker, etwa 1/4 l Milch, 70 g Butter, 2 Eier, geriebene Schale von 1/2 Zitrone
Soße zum Einlegen: 1/4 l Milch, 80 g Butter, 20 g Zucker

Zubereitung:

Feinen Germteig bereiten. Zu doppeltem Volumen aufgehen lassen. Mit einem Esslöffel Stücke ausstechen. Zu Kugeln formen und auf ein bemehltes Brett geben. Zugedeckt eine halbe Stunde gehen lassen.

Milch, Butter und Zucker in einer großen, flachen Kasserolle erhitzen. Die Nudeln hineinschlichten. Backrohr vorheizen.

Nudeln zudecken und bei 170° C ca. 30 Minuten gar ziehen lassen. Den Deckel erst nach beendeter Garzeit entfernen. Vorsichtig herausheben und bezuckern.

 Die Milch kann auch mit etwas Wasser verdünnt werden. Dampfnudeln mit Vanillesoße schmecken besonders gut. Da es sich um ein sehr lockeres Gebäck handelt, ist die Gefahr des Zusammenfallens relativ groß! Vorsichtig behandeln!

GERM/HEFE • STAUBZUCKER/PUDERZUCKER • BACKROHR/BACKOFEN

hausgemacht:

Germknödel

(6 Germknödel, 643 kcal / 2690 kJ / 7,22 BE je Stück)

Zutaten:

Teig: 300 g griffiges Mehl, 1/2 TL Salz, 20 g Germ, 30 g Butter, ca. 1/8 l Milch, 20 g Staubzucker, 2 Eidotter, 1 EL Vanillezucker, geriebene Schale von 1/2 Zitrone, 1 EL Rum

Fülle: 250 g Powidl

80 g Butter zum Übergießen

90 g geriebener Mohn und 80 g Staubzucker zum Bestreuen

Zubereitung:

Germteig bereiten und eine halbe Stunde rasten lassen. In 6 Teile schneiden und diese zu Kugeln formen. Auf bemehlte Fläche geben und zugedeckt abermals 20 Minuten rasten lassen.

Dann die Kugeln flach drücken – Powidl in die Mitte geben und die Teigränder zusammendrücken. Diese fertigen Knödel nochmals zum 1 1/2-fachen Volumen aufgehen lassen. In mäßig siedendem Salzwasser (halb zugedeckt) ca. 5–7 Minuten pro Seite ziehen lassen. Aus dem Wasser nehmen und gut abtropfen lassen.

Anrichten und mit leicht gebräunter Butter übergießen. Mit Mohn-Zuckergemisch bestreuen.

Knödel nach dem Herausnehmen sofort mit zwei Gabeln in der Mitte einreißen, ansonsten fallen sie zusammen und werden speckig.

Zum Bestreuen können anstatt Mohn auch Walnüsse verwendet werden.

Als Beilage zu Germknödeln wird auch gerne Vanillesauce gereicht.

GERM/HEFE • KNÖDEL/KLOSS, KLOPS • STAUBZUCKER/PUDERZUCKER • EIDOTTER/EIGELB • FÜLLE/FÜLLUNG
POWIDL/PFLAUMENMUS • RASTEN/AUSRUHEN

Rezepte für im Wasser bzw. Dampf gegarten Germteig

10: Brauchtumsgebäck

Viele der Brauchtumsgebäcke, die man früher nur zu besonderen Anlässen und Festtagen gebacken hat, sind heute zu einem beliebten Tagesgebäck geworden. Mit dem Brauchstumsgebäck ging es Mitte des vorigen Jahrhunderts, als Volksbräuche und Volksfeste immer unpopulärer wurden, steil bergab. Somit vergaß man oft ihren Ursprung und den damit verbundenen (Aber-)Glauben.

Anfangs fand man Gebildebrote und Opfergebäcke im Toten- und Seelenkult unserer heidnischen Vorfahren. Sie sollten versöhnende Speisegaben für Götter, Seelengeister und Vegetationsdämonen darstellen. Diese brachten Gesundheit, Fruchtbarkeit und Glück. Damit ersetzte man zunächst die blutigen Tieropfer der heidnischen Zeit und später die in der christlichen Fastenzeit streng verbotenen Fleischspeisen.

Viele Rezepte für das Brauchtumsgebäck gingen verloren, da ihre Herstellung fast ausschließlich eine Domäne der Bäcker war, die oft ihre Rezepte nur innerhalb der Familie mündlich weiter vererbten. Einige Rezepte blieben jedoch erhalten und wurden im Laufe der Zeit abgewandelt bzw. wieder aufgegriffen.

Rein(d)ling

Den Namen erhielt dieses Gebäck von der „Reine", einer flachen Schüssel, in der er zu fast allen Festtagen im Jahres- und Lebenskreislauf gebacken wurde. Bekannt ist im Sprachgebrauch der sogenannte „Kärntner Reinling", der jedoch in Kärnten nach Mehlart, Backform oder Zweck die unterschiedlichsten Namen trägt. Zum Beispiel: *W(o)azan, Türkenreinling, Schirbling, Schartl, Gotenreinling* (als Patengabe zu Ostern und Allerheiligen), *Wanderreinling* (war zum Termin des Dienstbotenwechsels in vielen Orten üblich, meist in der Zeit um Lichtmess), *Praitl* (Rosentaler Osterreinling), *Klosterle* (im Nockgebiet um Bad Kleinkirchheim, zu Ostern und am Stefanitag üblich).

Es gibt noch viele verschiedene andere „Reinlingsformen" – bekannt sind die sogenannten „Reinkerln", wie das *Schmalzreinkerl*, das *Zuckerreinkerl* und das sehr beliebte *Honigreinkerl*. Hierfür verwendet man eigene Backformen, die oben 10–12 cm breit sind und nach unten schmaler werden und ca. 8 cm hoch sind. Der Teig wird auf die gleiche Weise eingefüllt wie beim großen Reinling und dann schneckenförmig in die Form eingelegt und gebacken.

Mit einer Kletzenfülle kann der Reinling sogar das Kletzenbrot ersetzen. Auch im südlichen Burgenland, im Lienzer Becken, in Bayern und vielen anderen Gebieten findet man den Reinling – oft mit unterschiedlichen Füllungen.

Honigreinkerl & Reinling

Rein(d)ling

(10 Portionen, 545 kcal / 2284 kJ / 5,43 BE je Portion)

Zutaten:

Teig: 500 g Mehl, 40 g Germ, 80 g Butter, 3 Eier, 1/4 l Milch, 40 g Zucker, 1/2 TL Salz

Fülle: 100 g Butter, 120 g Kristallzucker, 2 EL Zimt (eventuell auch etwas Kakao), 150 g Rosinen, 120 g gehackte Walnüsse

Zubereitung:

Mittelfesten Germteig bereiten. Eine halbe Stunde an einem warmen Ort zugedeckt rasten lassen, einmal zusammenschlagen und erneut aufgehen lassen.

Teig rechteckig (nach Backformgröße ausrichten) ausrollen. Mit flüssiger Butter bestreichen. Mit Zimt (Kakao), Rosinen, Zucker und gehackten Nüssen bestreuen. Teig der Länge nach einrollen und schneckenartig in eine befettete Form geben.

In das noch kalte, jedoch schon eingeschaltete Backrohr geben und bei 180° C ca. 50 Minuten backen.

Aus der Backform herausstürzen. Mit Staub- und Vanillezucker bestreuen.

Tipp: Kann nach kurzem Überkühlen auch sehr gut eingefroren werden!

GERM/HEFE · FÜLLE/FÜLLUNG · RASTEN/AUSRUHEN · BACKROHR/BACKOFEN

Brauchtumsgebäck

Brezeln

(12 Brezeln, 378 kcal / 1584 kJ / 3,9 BE je Stück)

Obwohl die Brezel an vielen Orten auch zu anderen Festen üblich ist, ist ihr eigentlicher Bereich doch die Fastenzeit.

Etwa seit Mitte des 10. Jhdt. nach Chr. wurde sie bei kirchlichen Festen und während der Fastenzeit an Kinder und Arme verteilt. Ein alter Brauch ist es auch, dem Patenkind zur Taufe eine „Patenbreze" zu übergeben. Bekannt war sie auch als Neujahrsbrezel.

Zutaten:

Teig: 500 g glattes Mehl, 40 g Germ, ca. 1/4 l Milch, 150 g Staubzucker, 1/2 TL Salz, 120 g Butter, 3 EL Rum, 60 g gehackte Mandeln, 3 Eidotter, 1/2 EL Vanillezucker, etwas Safran

1 Ei zum Bestreichen

40 g gehackte Mandeln und (oder) Hagelzucker zum Bestreuen

Zubereitung:

Germteig bereiten und ihn zugedeckt an einem warmen Ort ca. 30 Minuten gehen lassen.

Den Teig auf einer bemehlten Arbeitsfläche gut durchkneten und zu einer Rolle formen. Je nach Größe der Brezen Stücke der Rolle abschneiden und zu Stränge formen, die in der Mitte etwas dicker als am Rand sind. Auf dem mit Backtrennpapier ausgelegten Backblech die Stränge zu Brezeln formen. Wenn man die Enden nicht einfach überkreuzt, sondern umeinander schlingt, erhalten die Brezeln eine schönere Form (siehe Kapitel 5). Brezeln zugedeckt gehen lassen.

Mit versprudeltem Ei bestreichen und mit den gehackten Mandeln sowie dem Hagelzucker bestreuen. Im vorgeheizten Backrohr bei 180° C ca. 30 Minuten backen.

GERM/HEFE • STAUBZUCKER/PUDERZUCKER • EIDOTTER/EIGELB • VERSPRUDELT/VERQUIRLT
BACKROHR/BACKOFEN

hausgemacht:

Neujahrsbrezel

Faschingskrapfen

Faschingskrapfen

(12 Krapfen, 263 kcal / 1102 kJ / 3,16 BE je Stück)

Krapfen haben eine sehr lange Tradition als beliebte Brauchtumsspeise, die nicht nur auf die Faschingszeit beschränkt bleibt.
So wurden Krapfen auch zur Schnitt- und Erntezeit, zu Hochzeiten, zu Weihnachten, Neujahr, Lichtmess, Ostern, Sonnwend und anderen Anlässen zubereitet.
Was auf dem Land eine kraftvolle Speise für harte Arbeitstage oder auch Festtage war, wurde in der Stadt zur „Luxusspeise". Schon 1486 wurden in der „Köchordnung" der Stadt Wien die „Krapfenpacherinnen" (Krapfenbäckerinnen) erwähnt. Von da an war der Fasching ohne Krapfen unvorstellbar.
Eine Wiener Spezialität sind die mit Vanillecreme gefüllten Krapfen, die auch mit Zuckerglasur überzogen sein können. Im Bayerischen Wald sind teilweise noch die Karfreitagskrapfen aktuell. Es müssen immer 12 Stück sein – für jeden Apostel ein Krapfen.

Zutaten: Teig: 500 g griffiges Mehl, 40 g Germ, etwa 1/4 l Milch, 4 Eidotter, 60 g Butter, 60 g Staubzucker, 1 EL Vanillezucker, 4 EL Rum, 1/2 TL Salz, je 1/2 EL Zitronen- und Orangenschalen
Als Backfett kann Öl, Schweineschmalz oder Kokosfett verwendet werden.

Zubereitung: Aus den Zutaten einen nicht zu festen Germteig bereiten und diesen kurz gehen lassen.

1. Methode: fingerdick ausrollen und Krapfen ausstechen; diese auf bemehlter, warmer Fläche aufgehen lassen; herausbacken; abtropfen lassen; etwas überkühlt können die Krapfen mit passierter Marillenmarmelade oder mit Vanillecreme gefüllt werden (dazu Spritzsack mit Krapfentülle verwenden); mit Staubzucker bestreuen.

FASCHING/KARNEVAL • KRAPFEN/BERLINER BALLEN (IN BERLIN: PFANNKUCHEN) • GERM/HEFE
EIDOTTER/EIGELB • STAUBZUCKER/PUDERZUCKER • MARILLE/APRIKOSE

Brauchtumsgebäck

2. Methode: aus kleinen Teigteilchen Kugeln rollen und diese auf eine bemehlte Fläche geben; mit der flachen Hand gut niederdrücken; zugedeckt gehen lassen (während des Gehens einmal umdrehen); weiterer Vorgang – siehe 1. Methode.

Tipps:

- Wird griffiges Mehl verwendet, werden die Krapfen lockerer.
- Dem Teig unbedingt etwas hochprozentigen Alkohol (Rum oder Schnaps) beifügen, da dieser fettabweisend wirkt.
- Alle Zutaten müssen lauwarm sein.
- Frische Germ verwenden.
- Zugluft vermeiden (warmer Raum).
- Während des „Gehens" die Krapfen einmal wenden.
- Langsam und gut gehen lassen bis die Krapfen „federleicht" sind.
- Zum Aufgehen auf ein bemehltes Tuch legen (bleiben sonst kleben).
- Mit einem weiteren Tuch zudecken (Teig trocknet sonst aus und wird beim Backen rissig).
- Krapfen mit der Oberseite voran ins heiße Backfett einlegen.
- Beim Backen der ersten Seite wird die Pfanne zugedeckt, damit die Unterseite des Krapfens ebenfalls aufgeht.
- Ohne Deckel die zweite Seite ebenfalls goldbraun backen lassen.
- Zum Herausbacken ist eine Fritteuse sehr gut geeignet. Die Krapfen saugen durch die hohe Geschwindigkeit des Backprozesses und die gleichbleibende Temperatur (ideal 160–180° C) weniger Fett auf.
- Die ideale Fetttemperatur in der Pfanne kann man feststellen, wenn man ins heiße Fett einen Holzspieß oder einen Zahnstocher hält – sobald sich Luftbläschen um diesen bilden, kann man die Krapfen einlegen.
- Sehr wichtig ist die richtige Temperatur des Backfettes! Zu heißes Fett lässt die Krapfen außen zu schnell bräunen – innen bleiben sie roh. Zu wenig erhitztes Fett führt dazu, dass die Krapfen sehr viel Fett aufsaugen, schwer werden, absinken und keine „Randerln" bekommen.
- Das Fett (Öl, Frivissa, Kokosfett, Schweineschmalz o.a.) soll möglichst geschmacksneutral sein und keine anderen Inhaltsstoffe (außer Fett) enthalten. Es raucht und schäumt ansonsten leicht.
- Der Krapfen muss in reichlich Fett schwimmen können.
- Nicht zu viele Krapfen auf einmal einlegen, da ansonsten die Temperatur zu stark sinkt.
- Backfett nicht überhitzen! Das wirkt gesundheitsschädigend durch die Entwicklung des Giftstoffes Acrolein.
- Nach dem Backen die Krapfen auf einer Küchenrolle gut abtropfen lassen.

KRAPFEN/BERLINER BALLEN (IN BERLIN: PFANNKUCHEN) • GERM/HEFE

hausgemacht:

Osterbrot, Osterpinze

Ostern ist das wichtigste kirchliche Fest. Es geht auf das jüdische Passahfest zurück. Es handelt sich beim Osterfest um ein „bewegliches" Fest, das jedes Jahr nach dem ersten Frühlingsvollmond gefeiert wird.

Die bekanntesten Brauchtumsgebäcke zur Osterzeit sind das Osterbrot und die Osterpinze.

Osterbrot

(10 Portionen, 270 kcal / 1130 kJ / 3,79 BE je Portion)

Zutaten:

Teig: 500 g glattes Mehl, 30 g Germ, 1/2 TL Salz, 60 g Staubzucker, 50 g Schweineschmalz (oder Butter), 1/4 l Milch, 1 EL Zucker, etwas Anis (wenn man es süß zubereiten möchte, gibt man stattdessen Rosinen zum Teig)
Etwas Milch zum Bestreichen

Zubereitung:

Mittelfesten Germteig bereiten und diesen eine halbe Stunde gehen lassen.
Aus dem Teig einen Laib formen.
Auf befettetes Blech geben und nochmals ca. 15 Minuten gehen lassen.
Mit Milch bestreichen.
Bei 170° C ca. 45 Minuten backen.

 Während des Backens zwei bis drei Mal mit Milch bestreichen.
Zur Kontrolle, ob das Gebäck durch ist, die Nadelprobe durchführen.

GERM/HEFE • STAUBZUCKER/PUDERZUCKER

Brauchtumsgebäck

Osterpinzen

(4 Pinzen, 1070 kcal / 4482 kJ / 11,56 BE je Stück)

Zutaten:

Teig: 500 g griffiges Mehl, 40 g Germ, 160 g Staubzucker, 140 g Butter, 1/4 l Milch, 1 EL Vanillezucker, 6 Eidotter, geriebene Schale von 1/2 Zitrone
Eidotter zum Bestreichen

Zubereitung:

Germteig bereiten und diesen an einem warmen Ort ca. 1/2 Stunde gehen lassen (eventuell einmal zusammenschlagen und erneut aufgehen lassen).

Aus dem Teig 3 bis 4 Kugeln formen. Auf ein mit Backtrennpapier ausgelegtes Blech geben.

Nochmals 15 Minuten gehen lassen.

Mit Eidotter bestreichen. Mit Schere oder Messer 3 symetrische Einschnitte (tief genug!) machen.

Auf dem Backblech weitere 15 Minuten gehen lassen.

Im vorgeheizten Backrohr bei 190° C ca. 45 Minuten backen.

 Noch feiner werden die Pinzen, wenn man das „00" Mehl (feinst gemahlenes Mehl) verwendet. Dies ist eine in der italienischen Küche häufig verwendete Mehltype.

GERM/HEFE • STAUBZUCKER/PUDERZUCKER • EIDOTTER/EIGELB • BACKROHR/BACKOFEN

hausgemacht:

Osterpinzen & Osterbrot

Gerührter Gugelhupf

Erntefeste

Ob Getreideernte, Weinernte oder Heuernte – von den Bauern wurde dieses Ereignis stets gefeiert. Das Wichtigste am Erntedankfest war natürlich der üppige Ernteschmaus.

Bekannte Germspeisen für dieses Fest waren Bauernkrapfen, Strauben, Mohnpotizze und Gugelhupf, auch Krapfen und Reinling wurden gereicht.

Gerührter Gugelhupf

(10 Portionen, 363 kcal / 1522 kJ / 3,23 BE je Portion)

Seinen Namen verdankt der Gugelhupf dem Orden der Kapuziner. Die Kapuze der Ordenskutte hieß früher Gugel.

Die Schauspielerin Katharina Schratt ließ in der kaiserlichen Sommerresidenz Bad Ischl für den Kaiser täglich einen frischen Gugelhupf anliefern.

Zutaten:

Teig: 300 g glattes Mehl, 35 g Germ, 150 g Butter, 100 g Staubzucker, 1/2 TL Salz, 60 g Rosinen, 2 EL Rum, 1/8 l Milch, 5 Eidotter, 1 EL Vanillezucker, Schale von 1/2 Zitrone

Zubereitung:

Rosinen mit Rum vermengen und 1 Stunde ziehen lassen. Butter schaumig rühren, Staubzucker, Vanillezucker, Salz und Zitronenschale einmixen. Eidotter nach und nach einrühren. Germ ins Mehl bröseln. Abtrieb, Rosinen und lauwarme Milch einkneten. Teig kurz abschlagen. Masse in befettete, bemehlte Gugelhupfform füllen. An einem warmen Ort ca. 30 Minuten gehen lassen (mit Tuch zudecken).
Im vorgeheizten Backrohr bei 190° C etwa 50 Minuten backen (Nadelprobe). Auf ein Kuchengitter stürzen. Leicht überkühlen lassen und mit Staubzucker bestreuen.

KRAPFEN/BERLINER BALLEN (IN BERLIN: PFANNKUCHEN) · GERM/HEFE · STAUBZUCKER/PUDERZUCKER
EIDOTTER/EIGELB · BACKROHR/BACKOFEN

Allerheiligenstriezel

(10 Portionen, 346 kcal / 1448 kJ / 3,87 BE je Portion)

In Österreich und in Süddeutschland ist es mancherorts immer noch üblich, dass die Kinder einen großen Allerheiligenstriezel von ihrem Paten bekommen. Viele Jahrhunderte wurde dieser Striezel am 1. November auch von den Bäckern an ihre Kunden verschenkt. Erst 1901 wurde dieser nette Brauch abgeschafft.

Zutaten:

Teig: 500 g Mehl (halb griffiges, halb glattes Mehl), 20 g Germ, 1/4 l Milch, 50 g Kristallzucker, 100 g Butter, 3 Eidotter, 1 TL Salz, 1 EL Vanillepuddingpulver, 1 TL Vanillezucker, 1/2 EL Rum
1 Ei zum Bestreichen, eventuell Hagelzucker (Mandelsplitter) zum Bestreuen

Zubereitung:

Aus den Zutaten einen Germteig bereiten und an einem warmen Ort rasten lassen.
Einmal zusammenschlagen und erneut aufgehen lassen.
Den Teig durchkneten und in sechs gleich große Teile teilen.
Diese zu ca. daumendicken, gleich langen Rollen formen.
Flechten der Rollen (siehe Kapitel 5).
Geflochtenen Striezel auf das mit Backtrennpapier ausgelegte Blech geben und nochmals 20 Minuten rasten lassen.
Mit versprudeltem Ei bestreichen und eventuell mit Hagelzucker bestreuen.
Bei 180° C ins noch kalte, bereits eingeschaltete Backrohr geben und ca. 45 Minuten backen.

 Wenn man den Striezel noch süßer zubereiten möchte, gibt man in den Teig Rosinen!

STRIEZEL/ZOPF · GERM/HEFE · EIDOTTER/EIGELB · RASTEN/AUSRUHEN · VERSPRUDELT/VERQUIRLT
BACKROHR/BACKOFEN

hausgemacht:

Allerheiligenstriezel
(Mitte: Variante mit Dinkelvollkornmehl)

Weihnachts-Potizze, Christstollen

Weihnachten ist für Kinder erst seit 150 Jahren ein Geschenkfest. Früher feierte man Weihnachten am 25. Dezember als Abschluss des 40-tägigen Fastens. In diese Zeit fällt auch das Fest der nordischen Wintersonnenwende, und somit sind für die Tage um Weihnachten viele alte Bräuche lebendig geblieben. Die Brot- und Kuchenopfer gehören zu den vorchristlichen Bräuchen für den Sonnengott. Zum typischen Weihnachtsgebäck gehört ein länglicher, gewickelter oder geflochtener Stollen, der die verschiedensten Namen hat: Weihnachtsstriezel, Christstollen, Potizze usw.

Potizze

(12 Portionen, 545 kcal / 2284 kJ / 4,59 BE je Portion)

Zutaten:

Teig: 500 g griffiges Mehl, 40 g Germ, 1/4 l Milch, 60 g Zucker, 80 g Butter, 3 Eidotter, 1/2 TL Salz, 1 TL Vanillezucker, Schale von 1/2 Zitrone, 1 EL Rum

Etwas Milch zum Bestreichen

Nussfülle: 200 g geriebene Walnüsse, 1/8 l Milch, 1 EL Rum, 80 g Zucker, Schale von 1 Zitrone, 1 TL Zimt, 2 EL Semmelbrösel, evtl. Rosinen nach Geschmack

Mohnfülle: 150 g geriebener Graumohn, 1/8 l Milch, 30 g Semmelbrösel, 60 g Zucker, Saft und Schale von 1/2 Zitrone, 1 TL Zimt, evtl. Rosinen nach Geschmack

STRIEZEL/ZOPF · GERM/HEFE · EIDOTTER/EIGELB · FÜLLE/FÜLLUNG · SEMMELBRÖSEL/PANIERMEHL
BACKROHR/BACKOFEN

hausgemacht:

Zubereitung:

Einen mittelfesten Germteig bereiten und diesen ca. 1/2 Stunde gehen lassen (evtl. einmal zusammenschlagen, nochmals gehen lassen).

Fülle: Milch mit Zucker und Rosinen aufkochen. Nüsse oder Mohn einrühren, mit Rum, Zitronensaft, Zitronenschale und Zimt abschmecken. Gut auskühlen lassen.

Den Teig auf einer leicht bemehlten Arbeitsfläche rechteckig (je nach Backformgröße) ausrollen.

Die Fülle auf dem ganzen Teig verteilen, so dass ca. 1 cm vom Rand jeweils frei bleibt.

Von beiden Längsseiten beginnend den Teig bis zur Mitte zusammenrollen.

In eine befettete Kastenform mit der Oberseite nach unten geben.

Mit Milch bestreichen und mit einer Spicknadel (oder Stricknadel, Spieß, Zahnstocher) die Potizze anstechen (Luft kann entweichen, dadurch werden Hohlräume vermieden).

Bei 180° C in das noch kalte, bereits eingeschaltete Backrohr schieben und ca. 50 Minuten (Nadelprobe) backen.

Auf ein Kuchengitter stürzen.

Leicht überkühlen lassen, dann eventuell mit Staub- und Vanillezucker bestreuen.

Potizzen eignen sich sehr gut zum Einfrieren!
Die Fülle soll nicht zu weich sein, sie sprengt ansonsten den Teig.

Brauchtumsgebäck

Potizze & Christstollen

Christstollen

(12 Portionen, 552 kcal / 2311 kJ / 5,49 BE je Portion)

Zutaten:

Teig: 500 g Mehl, 1/4 l Milch, 40 g Germ, 70 g Kristallzucker, 1 Ei, 120 g Butter, 1 TL Salz, Schale von 1/2 Zitrone, 1 Msp. Muskat

Mit 1/16 l Rum über Nacht ansetzen:

125 g grob geriebene Mandeln, 250 g Rosinen, 80 g Zitronat, 80 g Aranzini

125 g Butter zum Bestreichen, Staub- und Vanillezucker zum Bestreuen

Zubereitung:

Germteig bereiten und eine halbe Stunde rasten lassen. Teig auf die Arbeitsfläche geben und durchkneten, anschließend rechteckig ausrollen. Angesetzte Früchte und Mandeln schichtweise auftragen und einkneten.

Eine Kastenform mit Alufolie auslegen. Am Boden der Form eine Oblatenplatte auflegen. Gut durchgeknetete Masse in die Form geben, mit Alufolie abdecken. Bei 190° C ca. 40–50 Minuten backen, in den letzten 15 Minuten die Alufolie öffnen, damit der Stollen etwas Farbe bekommt.

Nach dem Backen den Stollen in der Form gut auskühlen lassen. Ausgekühlten Stollen aus der Form geben und mit 125 g zerlassener Butter bestreichen. Anschließend den Stollen zuerst mit Vanillezucker, dann dick mit Staubzucker bestreuen.

 Den Stollen zu Beginn der Adventszeit bereiten.
Durch die Lagerung wird er saftiger und damit geschmacklich besser!

GERM/HEFE · STAUBZUCKER/PUDERZUCKER · RASTEN/AUSRUHEN

Brauchtumsgebäck

11: Germteigvariationen (= Abwandlungen)

Mürber oder kalter Germteig

Der Zubereitung nach gehört dieser Teig in die Gruppe der Mürbteige.

Wegen des Germzusatzes wird er jedoch zu den abgewandelten Germteigen gezählt.

Grundrezept

(10 Portionen, 295 kcal / 1235 kJ / 3,4 BE je Portion)

Zutaten:

Teig: 500 g glattes Mehl, 1/2 TL Salz, 40 g Germ, 40 g Staubzucker, 100 g Butter, 2 Eidotter, ca. 1/16 l Milch, geriebene Schale von 1/2 Zitrone

Zubereitung:

Mehl, gesiebten Staubzucker, Salz und geriebene Zitronenschale auf die Arbeitsfläche geben.

Kalte Butter in dünnen Scheibchen hineinschneiden und gut abbröseln.

Germ in etwas lauwarmer Milch auflösen und dazugeben.

Restliche Zutaten untermengen und das Ganze rasch zu einem Teig verkneten (restliche Milch soll kalt sein).

Diesen Teig an einem kühlen Ort ca. 1 Stunde rasten lassen.

 Man kann den Teig auch über Nacht im Kühlschrank rasten lassen. Vor der Ausformung des Gebäcks sollte der Teig jedoch mindestens eine halbe Stunde vorher aus den Kühlschrank gelegt werden. Vorteil des langen Rastens im Kühlschrank: beim Ausrollen klebt der Teig nicht so leicht auf der Arbeitsfläche an!

Tipps zum Backen: Backrohr unbedingt vorheizen! Hohe Temperatur (200–230° C) wählen!

GERM/HEFE • STAUBZUCKER/PUDERZUCKER • EIDOTTER/EIGELB • RASTEN/AUSRUHEN • BACKROHR/BACKOFEN

Germteigvariationen • Mürber oder kalter Germteig

Brioche

(12 Brioche, 296 kcal / 1240 kJ / 3,22 BE je Stück)

Obwohl der Name dieses Gebäcks französisch ist, sind die Brioche eine typisch Wienerische Spezialität.

Zutaten:

Teig: 500 g glattes Mehl, 1/2 TL Salz, 40 g Staubzucker, 40 g Germ, 4 Eidotter, 1/4 l Milch, 100 g Butter, geriebene Schale von 1/2 Zitrone
Eidotter zum Bestreichen, Hagelzucker zum Bestreuen

Zubereitung:

Einen mittelfesten Germteig bereiten und diesen gut abschlagen, damit er sehr feinporig wird. Über Nacht kalt rasten lassen (im Kühlschrank).
Am nächsten Tag Gebäck formen und dieses 20 Minuten an einem warmen Ort aufgehen lassen. Mit Eidotter bestreichen und mit Hagelzucker bestreuen.
Bei 230° C im vorgeheizten Backrohr ca. 20 Minuten backen (je nach Größe des Gebäcks).

Zubereitungsvariante:

Germteig bereiten und warm rasten lassen (zweimal zusammenschlagen).
Gebäck formen und auf befettetes Blech geben. Dieses über Nacht kaltstellen.
Am nächsten Tag 15 Minuten an einem warmen Ort gehen lassen.
Mit Eidotter bestreichen und mit Hagelzucker bestreuen.
Backen bei 230° C ca. 20 Minuten.

 Das Gebäck wird saftiger, wenn während des Backvorganges eine feuerfeste Schale mit Wasser ins Backrohr gegeben oder das Blech mit Wasser beträufelt wird!

STAUBZUCKER/PUDERZUCKER · GERM/HEFE · EIDOTTER/EIGELB · RASTEN/AUSRUHEN · BACKROHR/BACKOFEN

hausgemacht:

Nussbeugel

(12 Beugel, 454 kcal / 1901 kJ / 4,21 BE je Stück)

Zutaten:

Teig: siehe Grundrezept

Fülle: 200 g geriebene Nüsse, 60 g Zucker, 2 EL Semmelbrösel, 1 EL Rum, ca. 1/8 l heiße Milch, 1 Msp. Zimt

Zubereitung:

Mürben Germteig bereiten und rasten lassen.

Fülle: Alle Zutaten in der heißen Milch unter ständigem Rühren einmal aufkochen. Auskühlen lassen.

Teig messerrückendick ausrollen (Arbeitsfläche vorher gut bemehlen).

In Rechtecke schneiden. In die Mitte der Länge nach einen Streifen Fülle geben. Darüber die Teigränder gut zusammendrücken.

Die Stücke mit der Nahtseite nach unten auf ein mit Backtrennpapier ausgelegtes Blech geben. Beugel darauf formen (siehe Kapitel 5).

Nochmals kurz gehen lassen.

Mit zerklopftem Eidotter oder Ei bestreichen.

Bei 230° C (vorgeheiztes Backrohr) ca. 25 Minuten backen.

BEUGEL/HÖRNCHEN · FÜLLE/FÜLLUNG · SEMMELBRÖSEL/PANIERMEHL · GERM/HEFE · RASTEN/AUSRUHEN
EIDOTTER/EIGELB · BACKROHR/BACKOFEN

Germteigvariationen · Mürber oder kalter Germteig

Gebäck gefüllt mit Topfen & Nuss
(verschiedenartig geformt)

Topfentascherl

(12 Tascherl, 425 kcal / 1781 kJ / 4,38 BE je Stück)

Zutaten:

Teig: siehe Grundrezept mürber Germteig

Fülle: 50 g Butter, 70 g Staubzucker, 2 Eier, 250 g Topfen, 50 g Rosinen, 1–2 EL Sauerrahm, Saft von 1/2 Zitrone, geriebene Schale von 1 Zitrone, 1 EL Vanillezucker

Zubereitung:

Mürben Germteig bereiten und rasten lassen.

Fülle: Eidotter, Topfen, Gewürze, gewaschene Rosinen und die Hälfte vom Zucker verrühren. Eiklar mit der zweiten Hälfte des Zuckers zu einem steifen Schnee schlagen. Steifgeschlagenen Eischnee unter die Topfenmasse heben. Sollte die Fülle zu fest sein, kann etwas Sauerrahm dazugegeben werden.

Den Teig messerrückendick ausrollen.

Quadrate daraus schneiden.

Diese in der Mitte mit Topfenfülle bestreichen.

Die vier Teigenden über der Fülle mit Ei zusammenkleben (siehe Kapitel 5).

Eventuell mit Mandelsplitter fixieren.

Auf vorbereitetes Blech geben und nochmals kurz gehen lassen.

Mit zerklopftem Ei bestreichen und bei 220° C ca. 20 Minuten backen.

Tipps: Ist die Fülle zu weich, kann etwas Puddingpulver eingerührt werden.
Da Rosinen nicht jedermanns Geschmack sind,
können sie auch weggelassen werden.
Den Topfen in einem Sieb vorher gut abtropfen lassen!

TOPFEN/QUARK · TASCHERL/TASCHE · GERM/HEFE · FÜLLE/FÜLLUNG · STAUBZUCKER/PUDERZUCKER
SAUERRAHM/SAURE SAHNE · RASTEN/AUSRUHEN · EIDOTTER/EIGELB · EIKLAR/EIWEISS

Germteigvariationen · Mürber oder kalter Germteig

Mürbe Walnusstascherl

(12 Tascherln, 397 kcal / 1663 kJ / 3,32 BE je Stück)

Zutaten:

Teig: 400 g glattes Mehl, 1 TL Salz, 50 g Staubzucker, 200 g Butter, 30 g Germ, 3 Eidotter, 1–2 EL Sauerrahm
Fülle: 3 Eiklar, 120 g Staubzucker, 120 g geriebene Walnüsse, 1 Msp. Zimt

Zubereitung:

Mürben Germteig bereiten und rasten lassen.

Eiklar zu Schnee schlagen und den Staubzucker löffelweise einschlagen. Nüsse vorsichtig unterheben.

Den Teig ca. 4 mm dick ausrollen (auf gut bemehlter Arbeitsfläche). Mit Krapfenausstecher Kreise ausstechen.

Etwas Fülle in der Mitte des Kreises auftragen. Zusammenklappen und mit einer Gabel die Ränder etwas zusammendrücken. Auf mit Backtrennpapier ausgelegtes Blech geben.

Nochmals kurz gehen lassen.

Im vorgeheizten Backrohr bei 190° C ca. 20 Minuten backen.

Noch im warmen Zustand in Staubzucker drehen.

Tipp: Den Teigrand vor dem Zusammenklappen mit versprudeltem Ei bestreichen!

TASCHERL/TASCHE • STAUBZUCKER/PUDERZUCKER • GERM/HEFE • EIDOTTER/EIGELB • SAUERRAHM/SAURE SAHNE
FÜLLE/FÜLLUNG • EIKLAR/EIWEISS • RASTEN/AUSRUHEN • KRAPFEN/BERLINER BALLEN (IN BERLIN: PFANNKUCHEN)
BACKROHR/BACKOFEN • VERSPRUDELT/VERQUIRLT

hausgemacht:

Nuss-, Mohn- und Marmeladekipferl

(12 Kipferln, 573 kcal / 2400 kJ / 4,51 BE je Stück)

Zutaten:

Teig: 500 g glattes Mehl, 200 g Butter, 30 g Germ, 40 g Staubzucker, 1/2 TL Salz, 3 Eidotter, ca. 1/4 l Milch

Nussfülle: 150 g geriebene Nüsse, 30 g Zucker, 20 g Semmelbrösel, 1/8 l heiße Milch, 1 Msp. Zimt, 1 EL Rum

Mohnfülle: 150 g gemahlener Mohn, 1 EL Honig, 20 g Zucker, 1 Msp. Zimt, 1/8 l heiße Milch, 1 EL Rum, 1 EL Vanillezucker

Marmeladefülle: jede beliebige Marmelade

1 Eidotter und 2 EL Milch zum Bestreichen

Hagelzucker zum Bestreuen

Zubereitung:

Kalten (mürben) Germteig bereiten und eine Stunde rasten lassen (kalt).

Nuss- oder Mohnfülle: Milch erhitzen, die Zutaten einrühren und einmal aufkochen. Fülle auskühlen lassen.

Den Teig messerrückendick ausrollen. In 8 x 8 cm große Quadrate schneiden. Fülle in die Mitte des Teigquadrates geben. Kipferl formen (siehe Kapitel 5).

Auf ein befettetes Blech geben. Zugedeckt 15 Minuten gehen lassen.

Mit versprudeltem Eidotter-Milchgemisch bestreichen. Hagelzucker darüberstreuen.

Bei 190° C im vorgeheizten Backrohr ca. 20 Minuten backen.

 Bei der Marmelade sollte man darauf achten, dass diese nicht zu flüssig ist. Durch die Wärme verliert sie an Gelierfähigkeit und kann aus dem Gebäck auslaufen.

KIPFERL/HÖRNCHEN • GERM/HEFE • STAUBZUCKER/PUDERZUCKER • EIDOTTER/EIGELB • FÜLLE/FÜLLUNG
SEMMELBRÖSEL/PANIERMEHL • RASTEN/AUSRUHEN • VERSPRUDELT/VERQUIRLT • BACKROHR/BACKOFEN

Germteigvariationen • Mürber oder kalter Germteig

Kapuzinerstrudel

(10 Portionen, 527 kcal / 2205 kJ / 4,01 BE je Portion)

Zutaten:

Teig: 300 g glattes Mehl, 1/8 l Milch, 30 g Germ, 2 EL Staubzucker, 140 g Butter, 1 Ei, 1 Eidotter, 1/2 TL Salz

Fülle: 1/8 l Weißwein, 4 EL Rum, 1 Msp. Zimt, 130 g Kristallzucker, 100 g feingehackte Walnüsse, 150 g Mandelblättchen, 70 g Rosinen, geriebene Schale von 1/2 Zitrone

1 Ei zum Bestreichen, Schokoladespäne zum Bestreuen

Zubereitung:

Mürben Germteig bereiten und eine Stunde kalt rasten lassen.

Fülle: Weißwein mit Rum, Zimt und Zucker zum Kochen bringen. Nüsse, Mandeln, Zitronenschale und Rosinen dazurühren und alles noch einmal aufkochen.

Den Teig auf einem bemehlten Strudeltuch ca. 4 mm dick ausrollen. Die Fülle darauf verteilen, dabei einen 5 cm breiten Rand frei lassen. Mit Hilfe des Strudeltuches von beiden Seiten zur Mitte hin einrollen. Mit der Naht nach unten auf ein befettetes Blech geben.

Den Strudel eine weitere halbe Stunde gehen lassen.

Mit versprudeltem Ei bestreichen. Im vorgeheizten Backrohr bei 180° C etwa 50 Minuten backen. Den Strudel auf dem Blech erkalten lassen.

Portionieren, anrichten und mit Schokospänen bzw. -flocken verzieren.

Tipp: Die Germ muss dennoch in lauwarmer Milch aufgelöst werden!

GERM/HEFE · STAUBZUCKER/PUDERZUCKER · EIDOTTER/EIGELB · FÜLLE/FÜLLUNG · RASTEN/AUSRUHEN
VERSPRUDELT/VERQUIRLT · BACKROHR/BACKOFEN

hausgemacht:

Kartoffelbrot

(10 Portionen, 335 kcal / 1401 kJ / 4,15 BE je Portion)

Zutaten:

Teig: 550 g Mehl, 100 g Butter, 40 g Germ, 1/2 TL Salz, 1/8 l Milch, 30 g Staubzucker, 120 g gekochte, bereits ausgekühlte, passierte Kartoffeln, 60 g Rosinen

1 Ei zum Bestreichen

Zubereitung:

Man gibt das Mehl auf ein Brett, mischt das Salz unter und bröselt die fein geschnittene Butter darin ab.

Aufgelöste Germ, Milch, Zucker, Kartoffeln und Rosinen dazugeben.

Das Ganze auf einem Brett gut abkneten.

Striezel oder Laib formen.

Auf ein befettetes Blech geben.

Eine halbe Stunde warm rasten lassen.

Mit einem zerklopften Ei bestreichen.

Bei 180° C ca. 45 Minuten backen.

GERM/HEFE • STAUBZUCKER/PUDERZUCKER • STRIEZEL/ZOPF • RASTEN/AUSRUHEN

Plunderteig – Germbutterteig

Dieser Teig ist ein Mittelding zwischen Germteig und Blätterteig.

Seine Zubereitung ist relativ aufwändig, jedoch kann gleich eine größere Menge zubereitet werden, da sich der Teig sehr gut zum Einfrieren eignet.

Tipps:

- Wichtig ist die richtige Konsistenz sowohl des Germteigs als auch des Butterziegels. Ist der Germteig zu weich, verbindet er sich mit der Butter und es entstehen keine Schichten.
- Butterziegel und Teig sollen die gleiche Geschmeidigkeit haben.
- Damit der Teig beim Ausrollen nicht klebt, immer wieder gut mit Mehl bestäuben!
- Den Teig während des Rastens in ein leicht befeuchtetes Tuch wickeln, damit er nicht austrocknet.
- Der Teig muss kalt rasten (Kühlschrank).
- Teigreste nie zusammenkneten, sondern flach aufeinanderlegen und wieder ausrollen.
- Teig immer mit scharfem Messer schneiden – nicht mit dem Teigrad. Der Rand klebt sonst zusammen und kann nicht „blättrig" werden.

Grundrezept

1. Methode

(10 Portionen, 463 kcal / 1937 kJ / 3,51 BE je Portion)

Zutaten:

Teig: 400 g glattes Mehl, 1 TL Salz, 100 g Butter, 60 g Feinkristallzucker, 40 g Germ, 1/8 l Milch, 1/16 l Wasser, 1 Ei, 2 Eidotter, 1 EL Vanillezucker, geriebene Schale von 1 Zitrone

Butterziegel: 200 g Butter, 60 g glattes Mehl

Zubereitung:

Festeren Germteig bereiten. Teig ca. 20 Minuten an einem warmen Ort gehen lassen.

Für den Butterziegel die kalte Butter in dünne Scheiben schneiden und mit dem Mehl verkneten.

Einen Ziegel daraus formen ca.10 x 15 cm (zwischen 2 Blätter Backtrennpapier geht das Formen bzw. Ausrollen des Butterziegels leichter).

Germteig auf bemehlter Arbeitsfläche zu einem Rechteck ausrollen (15 x 20 cm) – der Teig soll in der Mitte etwas dicker sein!

Butterziegel in die Mitte legen und den Germteig von allen Seiten darüberklappen. Mit dem Nudelholz zu etwa doppelter Größe ausrollen. Mehl gründlich entfernen.

Das linke Drittel über das mittlere Drittel falten – abkehren und anpressen.

Darüber das rechte Drittel klappen und anpressen = einfache Tour.

Mit feuchtem Tuch bedecken und 20 Minuten im Kühlschrank rasten lassen.

Diesen Arbeitsvorgang (einfache Tour) inklusive der Rastzeit noch zweimal wiederholen.

Bei starker Hitze backen, da das Fett ansonsten aus dem Teig ausläuft!

GERM/HEFE · EIDOTTER/EIGELB · RASTEN/AUSRUHEN · RASTZEIT/RUHZEIT

Germteigvariationen · Plunderteig – Germbutterteig

2. Methode

(10 Portionen, 271 kcal / 1136 kJ / 2,43 BE je Portion)

Zutaten:

Teig: 350 g glattes Mehl, 30 g Germ, 30 g Staubzucker, 1/8 l Milch, 1 Eidotter, 1/2 TL Salz

150 g Butter zum Einarbeiten

Zubereitung:

Einen mittelfesten Germteig bereiten und diesen 20 Minuten gehen lassen.

Zu einem 5 mm dicken Rechteck ausrollen.

Ein Drittel der Butter in Flöckchen auf die Hälfte der Teigplatte so verteilen, dass ein Rand verbleibt.

Nun die andere Hälfte darüberklappen und die Ränder leicht andrücken.

Den Teig wieder ausrollen und mit dem zweitem Drittel der verbleibenden Butter den Vorgang wiederholen.

Den Teig nun im Kühlschrank 30 Minuten rasten lassen.

Nochmals den Teig ausrollen und das letzte Drittel der Butter einarbeiten (siehe oben).

Den Teig nun im Kühlschrank 20 Minuten rasten lassen.

Weitere Verarbeitung je nach Bedarf.

GERM/HEFE · STAUBZUCKER/PUDERZUCKER · EIDOTTER/EIGELB · RASTEN/AUSRUHEN

hausgemacht:

Bärentatzen

(12 Bärentatzen, 406 kcal / 1702 kJ / 3,36 BE je Stück)

Zutaten:

Teig: siehe Grundrezept
Fülle: 50 g geriebene Hasel- oder Walnüsse, 50 g Mandeln (geschält und gerieben), 100 g Zucker, 1 EL Vanillezucker, 1 TL Zimt
1 Ei zum Bestreichen

Zubereitung:

Fülle: Nüsse, Mandeln, Zucker, Vanillezucker und Zimt mischen.

Den Teig ausrollen und in 8 x 8 cm große Quadrate schneiden (siehe Kapitel 5).

Eine Hälfte mit der Fülle belegen, die andere Hälfte darüber klappen.

Die Ränder gut festdrücken.

Die Teigtaschen an der Längsseite bis fast zur Hälfte dreimal einschneiden.

Mit einem zerklopften Ei bestreichen.

Die übrig gebliebene Fülle darüber streuen.

Die Teigtaschen in Halbmondform auf ein befettetes Backblech legen.

„Tatzen" ca. 15 Minuten rasten lassen und bei 180° C im vorgeheizten Backrohr ca. 20 Minuten backen.

FÜLLE/FÜLLUNG • RASTEN/AUSRUHEN • BACKROHR/BACKOFEN

Germteigvariationen • Plunderteig – Germbutterteig

Topfen-Marillenplunder, Vanille- & Nussschnecke, Bärentatzen

Plunderteigschnecken

(12 Schnecken, ca. 305 kcal / 1280 kJ / 2,48 BE je Stück)

Zutaten:

Teig: siehe Grundrezept
Fülle: geriebene Nüsse, Zimt, Zucker, evtl. Rosinen
Butter zum Bestreichen

Zubereitung:

Den fertigen Teig messerrückendick ausrollen und in ca. 20 cm breite Bahnen schneiden.

Mit flüssiger Butter bestreichen.

Geriebene Nüsse, Zimt, Zucker und eventuell Rosinen darüberstreuen.

Einrollen und vorsichtig 2 cm breite Schnecken herunterschneiden.

Mit der Schnittfläche nach unten auf das vorbereitete Blech geben.

Etwas flach drücken und im vorgeheizten Backrohr bei 220° C etwa 20 Minuten backen.

 Sehr scharfes Messer verwenden (Sägemesser).
Nur vorsichtig sägen, keinen Druck ausüben!

FÜLLE/FÜLLUNG · BACKROHR/BACKOFEN

Germteigvariationen · Plunderteig — Germbutterteig

Nusskipferl

(12 Kipferln, 440 kcal / 1842 kJ / 3,5 BE je Stück)

Zutaten:

Teig: siehe Grundrezept
Fülle: 100 g geriebene Walnüsse (oder Mandeln, Haselnüsse), 20 g Semmelbrösel, 40 g Rosinen, 50 g Feinkristallzucker, 1 Msp. Zimt
80 g Butter und 80 g Marillenmarmelade zum Bestreichen
60 g gehackte Haselnüsse (Mandeln) zum Bestreuen

Zubereitung:

Plunderteig bereiten und 3 mm dick ausrollen.

Mit zerlassener Butter bestreichen und die übrigen Zutaten darauf verteilen.

Nüsse, Semmelbrösel, Rosinen, Zucker und Zimt vermengen.

Aus dem Teigfleck längliche Dreiecke ausschneiden (ca. 10 cm breit und 20 cm lang). Dreiecke zu den Spitzen hin einrollen und Kipferl formen (siehe Kapitel 5: Croissants).

Auf vorbereitetes Blech geben und 20 Minuten gehen lassen.

Mit Marmelade bestreichen und mit gehackten Nüssen bestreuen.

Im gut vorgeheizten Backrohr bei 200° C ca. 20 Minuten backen.

KIPFERL/HÖRNCHEN • FÜLLE/FÜLLUNG • SEMMELBRÖSEL/PANIERMEHL • MARILLE/APRIKOSE
SPITZ/ECKE • BACKROHR/BACKOFEN

hausgemacht:

Croissants

(12 Croissants, 388 kcal / 1623 kJ / 2,96 BE je Stück)

Zutaten:

Teig: 500 g glattes Mehl, 50 g Zucker, 40 g Germ, 2 Eier, 1/8 und 1/16 l Milch, 50 g Butter, 1/2 TL Salz

250 g Butter für den Plunderteig zum Einarbeiten

Zubereitung:

Der fertige Plunderteig wird zu einem Rechteck gut messerrückendick ausgerollt.

Daraus werden mit einem scharfen Messer ca. 12 cm große, gleichschenkelige Dreiecke geschnitten (siehe Kapitel 5).

Von der Breitseite aus beginnend zu Kipferln rollen.

Auf ein mit Backtrennpapier ausgelegtes Backblech legen.

Bei 220° C im vorgeheizten Backrohr ca. 20 Minuten backen.

Die fertig gebackenen Croissants eventuell mit Staubzucker bestreuen.

GERM/HEFE • KIPFERL/HÖRNCHEN • BACKROHR/BACKOFEN • STAUBZUCKER/PUDERZUCKER

Germteigvariationen • Plunderteig – Germbutterteig

Nussschleifen

(12 Nussschleifen, 510 kcal / 2138 kJ / 4,33 BE je Stück)

Zutaten:

Teig: siehe Grundrezept
Fülle: 200 g geriebene Wal- oder Haselnüsse, 70 g Zucker, 1 EL Vanillezucker, 2 EL Rum, 1/16 l heiße Milch
1 versprudeltes Ei zum Bestreichen
Glasur: 150 g Staubzucker, 1 EL Rum, 2 EL heißes Wasser

Zubereitung:

Den Teig 3 mm dünn ausrollen.

Fülle: Alle Zutaten in die heiße Milch einrühren und auskühlen lassen.

Die Hälfte des Teiges damit bestreichen. Zweite Teighälfte darüberklappen und leicht andrücken. Mit dem Teigrad Rechtecke von 7 x 10 cm ausradeln. In jedes Rechteck wird in der Mitte ein Schlitz eingeradelt und ein Ende durch diese Öffnung gezogen.

20 Minuten rasten lassen.

Mit Ei bestreichen und bei 200° C im vorgeheizte Backrohr ca. 20 Minuten backen.

Glasur: Soviel Rum und heißes Wasser zum Staubzucker geben bis eine Glasur entsteht.

Das noch warme Gebäck damit bestreichen.

FÜLLE/FÜLLUNG • VERSPRUDELT/VERQUIRLT • STAUBZUCKER/PUDERZUCKER • RASTEN/AUSRUHEN BACKROHR/BACKOFEN

hausgemacht:

Marzipan-Mandelkranz

(12 Portionen, 439 kcal / 1841 kJ / 3,69 BE je Portion)

Zutaten:
Teig: 500 g Plunderteig (1/2 Grundrezept)
Fülle: 160 g Marzipan (Rohmarzipanmasse), 40 g Staubzucker, 1 EL Vanillezucker, 4 EL Rum, 50 g Mandelblättchen
2 Eidotter zum Bestreichen, Mandelblättchen zum Bestreuen

Zubereitung:

Den Teig 5 mm dick rechteckig ausrollen.

Fülle: Marzipan zerkleinern und mit dem gesiebten Staubzucker, Vanillezucker und Rum verkneten. Diese Masse auf einer mit Staubzucker bestreuten Arbeitsfläche zu einen Streifen (in der Länge vom Plunderteig) ausrollen.

Den Plunderteig mit versprudelten Eidottern bestreichen. Marzipanstreifen darauf legen und die verbleibenden Ränder mit Mandelblättchen bestreuen. Teig zu einer Rolle formen und diese der Länge nach einmal durchschneiden. Aus den beiden Teilen einen Zopf drehen. In eine glatte Ringform (Savarinform) geben.

Zugedeckt noch eine halbe Stunde gehen lassen.
Mit Eidotter bestreichen und mit Mandelblättchen bestreuen.
Im vorgeheizten Backrohr bei 190° C ca. 45 Minuten backen.

 Der Kranz kann auch auf ein Blech gegeben werden, in diesem Fall muss die Mitte mit einer runden Form gestützt werden!

FÜLLE/FÜLLUNG · STAUBZUCKER/PUDERZUCKER · EIDOTTER/EIGELB · VERSPRUDELT/VERQUIRLT
BACKROHR/BACKOFEN

Germteigvariationen · Plunderteig — Germbutterteig

Kranzkuchen

(12 Portionen, 284 kcal / 1190 kJ / 2,3 BE je Portion)

Zutaten:

Teig: siehe Grundrezept
Fülle: geriebene Nüsse, Zimt, Zucker, evtl. Rosinen
Butter zum Bestreichen

Zubereitung:

Den fertigen Plunderteig etwa 5 mm dick ausrollen.

Mit flüssiger Butter bestreichen.

Füllen und einrollen.

Dann ringförmig auf das vorbereitete Blech geben.

Die Enden müssen gut zusammengedrückt werden!

Die Oberseite wird mit einer gereinigten Schere der Länge nach im Abstand von 5 cm leicht eingezwickt.

Das Ganze 20 Minuten gehen lassen.

Mit zerklopftem Ei bestreichen.

Bei 210° C im vorgeheiztem Backrohr ca. 50 Minuten backen.

FÜLLE/FÜLLUNG · BACKROHR/BACKOFEN

hausgemacht:

Marillenstrudel

(12 Portionen, 454 kcal / 1905 kJ / 3,85 BE je Portion)

Zutaten:

Teig: siehe Grundrezept

Fülle: 250 g Topfen, 50 g Butter, 70 g Staubzucker, 30 g Vanillepuddingpulver, 2 Eidotter, 1 EL Vanillezucker, geriebene Schale von 1 Zitrone, 750 g reife Marillen

Zubereitung:

Den fertigen Teig rechteckig ausrollen (40 x 35 cm).

Fülle: Handwarme Butter, Staubzucker, Puddingpulver, Vanillezucker und geriebene Zitronenschale schaumig rühren. Eidotter einzeln einmixen, Topfen unterrühren.

Die fertige Fülle in die Mitte des Teiges streichen (der Länge nach). Geviertelte Marillen darauf verteilen. Den Teig über die Fülle klappen (mit Ei zusammenkleben). Mit der Naht nach unten auf ein mit Backtrennpapier ausgelegtes Blech geben.

20 Minuten an einem warmen Ort gehen lassen.

Mit zerklopftem Ei bestreichen.

Im vorgeheizten Backrohr bei 180° C ca. 45 Minuten backen.

Es kann auch anderes Obst verwendet werden.

Der Plunderteig kann in den verschiedensten Variationen geformt und auf viele Arten gefüllt werden — ob Mohn-, Nuss-, Topfen- oder Apfelfülle, als Kipferl, Tascherl oder Schnecke. Lassen sie ihrer Phantasie freien Lauf!

MARILLE/APRIKOSE · FÜLLE/FÜLLUNG · TOPFEN/QUARK · STAUBZUCKER/PUDERZUCKER · EIDOTTER/EIGELB
BACKROHR/BACKOFEN · KIPFERL/HÖRNCHEN · TASCHERL/TASCHE

Germteigvariationen · Plunderteig — Germbutterteig

ABKÜRZUNGEN

EL	=	Esslöffel
TL	=	Teelöffel
l	=	Liter
g	=	Gramm
Msp.	=	Messerspitze

MASSEINHEITEN

Gewichtsmaße:

1 kg	=	1000 g	=	100 dag
3/4 kg	=	750 g	=	75 dag
1/2 kg	=	500 g	=	50 dag
1/4 kg	=	250 g	=	25 dag
1/8 kg	=	125 g	=	12,5 dag
		10 g	=	1 dag

Hohlmaße:

1 l	=	10 dl	=	1000 g
1/2 l	=	5 dl	=	500 g
1/4 l	=	2,5 dl	=	250 g
1/8 l	=	1,25 dl	=	125 g
1/16 l	=	0,625 dl	=	62,5 g

Löffelmaße:

1 EL Salz	=	20 g	=	2 dag
1 TL Salz	=	10 g	=	1 dag
1 EL Zucker/Mehl	=	20 g	=	2 dag

hausgemacht:

BEGRIFFSERKLÄRUNGEN

abbröseln:
Mehl und zerkleinerte Butter zwischen den Händen verreiben, so dass daraus eine bröselige Masse entsteht.

abschlagen oder abkneten:
Es hat den Zweck, den Teig mit Luft zu durchsetzen. Zunächst dehnt sich diese im Teig aus, dann lockert sie mit Hilfe der Germ den Teig.
Möglichkeiten:
- mit der Hand kneten,
- mit dem Kochlöffel oder mit dem Handmixer
- oder mit der Küchenmaschine.

Aranzini:
überzuckerte oder schokoladenüberzogene, gekochte Orangenschale

Germteig aufgehen bzw. rasten lassen:
An einem warmen Ort zugedeckt stehen (entspannen) lassen.
Die Germ entfaltet ihre Wirkung, das Volumen des Teiges vergrößert sich.

Dampfl: Vorteig, Gärprobe für Germteig

herausbacken:
schwimmend in heißem Fett garen

Korinthen: ganz kleine kernlose Rosinen

Krapfen bekommen ein Randerl:
Dadurch, dass die Unterseite der Krapfen in der zugedeckten Pfanne noch aufgehen, entsteht während des Backens um die Mitte des Krapfens ein heller Rand.

Nadelprobe:
Wird bei Gebäck in der Form, aber auch bei Zöpfen, Laiben usw. auf dem Backblech vor dem Herausnehmen aus dem Backrohr durchgeführt.
Man sticht an der höchsten Stelle des Gebäcks mit einer Nadel (Stricknadel, Spicknadel) oder mit einem Zahnstocher hinein.
Bleiben keine Kuchenreste daran kleben, ist das Gebäck fertig!

Sultaninen: Rosinen

Teig bleibt sitzen: er geht nicht auf

Teig schleifen:
Teigkugel mit der flachen Hand auf die Arbeitsfläche drücken und gleichzeitig kreisförmige Bewegungen durchführen (Teig rollen).

tränken:
Gebäck mit Fruchtsaft, Zuckerlösung, Sirup oder Spirituosen beträufeln.

versprudeltes Ei:
Ei aufschlagen, in einer Schüssel mit einer Gabel so lange verrühren, bis Eidotter und Eiklar eine homogene Verbindung ergeben.

vorheizen:
Den Backofen auf die zu Backbeginn benötigte Temperatur bringen.

zerlassene Butter:
Bis zum Flüssigwerden erhitzte Butter.

zusammenschlagen:
Der bereits aufgegangene Teig wird mit der flachen Hand niedergedrückt, das Gebäck wird dadurch feinporiger. Anschließend unbedingt noch einmal aufgehen lassen.

BEGRIFFE ÖSTERREICHISCH/DEUTSCH

andampfeln: einen Vorteig zubereiten, vorbereiten
Backrohr: Backofen
Beugel: Hörnchen
Birkenzweigerl: Birkenzweig
Buchteln (Wuchteln): Rohrnudeln
Dampfl: Vorteig, Gärprobe für Germteig
Dörrzwetschken: getrocknete Pflaumen
Eidotter: Eigelb
Eiklar: Eiweiß
einzwicken: einschneiden
Fasching: Karneval
Fülle: österr. für Füllung
Germ: Hefe
Kipferl: Hörnchen
Kletze: getrocknete Birne
Knödel: Kloß, Klops
Knopf: Knoten
Krampus: österr. Begleiter des St. Nikolaus (Knecht Ruprecht)
Krapfen: Berliner Ballen (in Berlin: Pfannkuchen)
Kücken: österr. für Küken
Laibchen: kleines rundes Teigstück
Marillen: Aprikosen
Mehlspeis: Mehlspeise = Gebäck oder Kuchen
Mehlspeisküche: Backkunst der Mehlspeisen
Most: Obstwein, meist Apfelwein, auch Traubensaft

Nocken, Nockerln: Klößchen
Obers: Sahne
Patzerl, Patzen: Klecks, Klumpen
Powidl: Pflaumenmus
rasten: ausruhen
Rastzeit: Ruhzeit
Sauerrahm: saure Sahne
Schlagrahm: Schlagsahne, süße Sahne
Schöpfer: Kelle, Suppenkelle, Schöpfkelle, Schöpflöffel
Schwarzbeeren: Heidelbeeren, Blaubeeren
Semmelbrösel: Paniermehl
Spitz: Ecke
Stamperl: Schnapsglas ohne Fuß
Staubzucker: Puderzucker
Stefanitag: 2. Weihnachtstag (26. Dezember)
Striezel, Striezerl: Zopf
Tascherl: Tasche
Topfen: Quark
verrinnen lassen: verlaufen lassen (rinnen = fließen, laufen)
versprudelt: verquirlt, verrührt
Weckerl: süddt. Semmel, westdt. Brötchen, nord- u. ostdt. Schrippe
Weinmost: vergorener Traubensaft, Vorstufe von Wein
Zwetschke: Pflaume

Nachwort

Wir hoffen mit diesem Buch Ihre „Lust auf Germteig" geweckt zu haben. Die Tipps und Tricks werden Ihnen sicherlich die Angst vor der Zubereitung dieses Teiges nehmen. Bei der großen Vielfalt an Rezepten wird gewiss auch etwas Passendes für Sie dabei sein.

Viel Spaß beim Ausprobieren und gutes Gelingen!

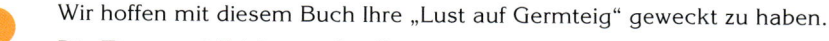
hausgemacht: